Econo-Globalists 26

金融恐慌が始まるので

金《きん》は3倍になる

副島隆彦
Takahiko Soejima

祥伝社

金融恐慌が始まるので
金《きん》は3倍になる

まえがき

この本の書名は、『金融恐慌が始まるので　金《きん》は3倍になる』である。まさしくそのまま本書を貫《つらぬ》く私の主張である。なぜ金（ゴールド）が、これから今の3倍になるのか。しかも、それは3年後（２０２７年）である。その理由は、アメリカの金融市場が崩れて《コラプス》米ドルによる世界支配が終わるからだ。だから、まだまだ今のうちに金を買いなさい、という本である。

特に、これまでまだ一度も金《きん》を買ったことのない人は、「今すぐ買いなさい」と私は言う。それに対して。これまでに金《きん》を買ってきた人は、金1グラム＝９０００円（小売《こうり》）を割ったら買いなさい。金は9月の終わりから10月の初めにかけて、少し値下がりした。だから、値下がりの節目《ふしめ》である小売《リーテイル》で９０００円（卸売《おろしうり》、ホールセールスで８０００円）になったら、買い増しなさい。特に、これからは金貨（ゴールドコイン）で買い増しなさい。その買い方は、本書P28以下で、指図《さしず》します。

金《きん》の値段（小売）は8月29日に1グラム＝1万円を突破した。このあと1万円を割って、9621円（10月6日）まで下がっている。だが、大きくは、すでに達成された1グラム＝1万円（小売）の大台は維持されて基調は変わらない。10月26日には1万0569円の高値を付けた。

いくらアメリカ政府（米財務省とFRB）とゴールドマン・サックスが結託《けったく》して、米ドルの信用を守り抜くために、金への憎しみを込めて、金の先物市場（ペイパー・ゴールド。証券化された紙キレの金）を使って、NY先物《さきもの》市場（フューチャー・マーケット）で金《きん》の値段を、必死で上から叩《たた》いて押し潰《つぶ》すとしても、もう、そろそろ限界に来つつある。

現在の世界の金融・経済は、もう何が起きてもおかしくはない。それぐらいの激しい変動期に入っている。

表面上は、金融市場（株《ストック》と債券《ボンド》と為替《FX》など）は今も穏やかに、大変化は起きていないように見える。いや、そのように見せかけている。だから、世界の足元の地盤（グラウン

金《きん》の国内小売価格は
1グラム＝10,577円まで行った

2015〜2023年（8年間）

出典　田中貴金属の資料から作成

金は1グラム＝1万4,000円になる。
そして、やがて3万円へ。

ド）はしっかりしているように見える。だが本当は、アメリカを中心にしてかなりぐらぐらとしている。これを lose the ground《ルーズ　ザ　グラウンド》 という。地盤が崩れつつある。

比較相対的 comparatively《コンパラティヴリー》 に、日本は大丈夫である。なぜなら、ここまで30年間、日本はずっとヒドい不況と不景気（これがデフレ経済）で痛めつけられて、日本の国民生活はヒドい貧乏状態を続けてきた。だから、日本は足腰がしっかりしているのである。目下《もっか》の世界を吹き荒れる、金融恐慌と大戦争（核戦争《ニユークレア・ウオーフエア》を含む）の予兆と恐怖が押し寄せても、日本国民は、さらにじっと我慢して、この大混乱期を乗りこえるだろう。

私はこれまでずっと当たり前のことを書いてきた。私はこの生き方の態度を変えない。この26年間、自分が書いてきた本たちで、ずっと「金を買いなさい。必ず上がるから」「アメリカ発の金融恐慌になる。アメリカは、世界覇権《ワールド・ヘジエモニー》を失う」と、ずっと書いてきた。1998年7月に出版した『悪《あく》の経済学』（祥伝社刊）から、ずっとである。

このことで私は、自分の主張が26年間まったく変わらないことを確認できる。あの26年前の1998年ごろは、金1グラムは1200円であった。だから1キロの延《の》べ板《いた》で120万円だった。それが26年後の今、1グラム＝1万100円になったので、1キロ＝10

00万円である。8・4倍である。これ以上は、私は自分で自分を褒《ほ》める言葉を使わない。自惚《うぬぼ》れでものを言う奴を、人々は軽蔑するからだ。すべては、冷静な客観的事実（オブジェクティブ・ファクト）で判定される。

この私が、これから3年後には、金1グラムはさらに実質3万円（小売）になるだろうと書くのだから、皆さんは私の主張に耳を傾けるべきだ。

もう、私の、この一見《いっけん》、傲慢《ごうまん》な書き方に、書評（ブックレビュー）で悪罵《あくば》を投げる者はいなくなった。金融の専門家を名乗る人々を含めてだ。「副島、ハズレー」と以前書いた者たち自身が、ハズレーの人生を歩んでいる。

どうやらウクライナでの戦争は、ロシアの勝ちのようである。日本国内では今もテレビ、新聞をはじめ、「ウクライナ軍が勝利、前進をしている」という報道がまだずっと続いている。まともな知能と判断力を持つ人ならば「あれ、おかしいなぁ。ロシアと中国がそんなに負けているようには見えない」と思っている。この感覚と判断が正しい。私たちは、日本国内の、嘘だらけの洗脳報道に騙《だま》されないようにしなければいけない。あいつらはアメリカの手先たちだ。

アメリカ政府は、もうほとんど金《きん》を持っていない。貿易決済《ぼうえきけつさい》用に金《きん》を全部使ってしまった。これまでずっと公表されてきた8200トンは、ほとんど無《な》い。ケンタッキー州のフォート・ノックス米陸軍基地の洞窟《どうくつ》にあるFRB（NY連銀《ニューヨークれんぎん》）の金庫は、ほぼスッカラカンである。ただし、アメリカの金持ち層は、イーグル金貨《コイン》（アメリカの国章である白頭《はくとう》ワシの絵が刻印されている）を中心に、金《きん》を持っている。

この本では、その他いろいろの金融市場の数値や金融理論を使いながら、ドルによる世界支配がもうすぐ終わることを証明していく。

私の本の書き方は、横綱相撲である。私は今さら、私と対立する主張をする者たちを大《おお》技《わざ》で投げ飛ばすことはない。投げ飛ばすと自分の体《からだ》にも打撃が来るからだ。それよりは、ぐっと両手で相手を押さえて、じりじりと押してそのまま土俵を割らせる。これが横綱相撲である。そろそろ、周《まわ》りの人たちからもそのように見えるだろう。

副島隆彦

金融恐慌が始まるので
金《きん》は3倍になる

目次

1章　金《きん》の値段は3倍にハネ上がる　17

4章 お金も腐る、 129

5章 半導体の先端技術で読むこれからの世界 161

装幀／中原達治
図版／篠　宏行

1章

金《きん》の値段は3倍にハネ上がる

●金は再高騰して、1グラム＝1万4000円へ

金《きん》の国内での小売《こうり》価格が、8月29日に、1グラム＝1万円（10000円）を超えた。前日比25円高の1万0001円を付けて、1万円の大台に乗せた。9月6日には1万0105円になった。このあと10月に入って下落したが、10月30日には今年（2023年）の最高値である1万0653円を記録した。

10月6日には、世界値段（NY《ニューヨーク》の金先物市場《きんさきものしじょう》）で、1オンス＝1830ドルまで下がった。このため日本国内の金1グラムは、9621円（小売）になった。まえがきP5と、左側P19のグラフをじっと見てください。

だが、**金《きん》は必ず、復活、再高騰《さいこうとう》して1グラム＝1万4000円になる。そして3年後には3万円を目指す。今の3倍に跳《は》ね上がる。金《きん》は自分で自分の価値《ヴァリュー》を保証するからだ。**その時米ドルによる世界支配体制は、終わりを始めている。ドルと米国債が激しく下落を開始するからだ。このことはP56以下で説明する。

金(ゴールド)の国内の卸《おろし》価格(直近8年)

出典　日本取引所グループ(JPX)大阪取引所の資料から作成

金・ドル体制の終わりへ

世界は金"資源"本位制に向かっている。
米、英中心の世界が終わる。
来年(2024年)、BRICS通貨ができて
その受け皿になる。

「「金」1万105円、最高更新　小売価格、円安で」

国内の金小売価格《きんこうり》の指標となる地金《じがね》大手、田中貴金属工業《たなかききんぞく》（東京）の店頭販売価格が9月6日、1グラム当たり前日比5円高の1万105円に値上がりし、過去最高を更新した。外国為替市場で円安《えんやす》ドル高《だか》が進行し、円に換算した金額が上昇した。買い取り価格も最高を更新し、9991円となった（引用者注。金の売り値と買い取りの差額は、わずかに114円である。消費税の10％が、売ると戻ってくるからだ。お店側が払う）。

販売額は8月31日に、それまでの最高値となる1万101円を付けていた。

（共同通信　2023年9月6日）

金はここまで値上がりした。私、副島隆彦が、〝金買《きんか》え評論家〟として、ずっと予言してきたとおりである。私は、近著『米銀行破綻の連鎖から世界大恐慌の道筋が見えた』（2023年6月、徳間書店刊）で、こう書いた。

もうすぐ金1グラム＝1万円だ。1キログラムのバー（延べ板）ならば1000万

金1gの買取値段比較（2023年9月5日）気をつけなさい

	店舗名	価格		店舗名	価格
①	田中貴金属	9,985円	⑦	なんぼや	9,790円
②	おたからや	9,976円	⑧	ゴールドプラザ	9,686円
③	大吉	9,976円	⑨	BRAND REVALUE	9,685円
④	MARUKA	9,880円	⑩	リファスタ	9,390円
⑤	ブランドレックス	9,846円	⑪	宝石広場	9,660円
⑥	買取本舗七福神	9,795円	⑫	ネットオフ	7,708円

出典　ウリドキPlus（田中貴金属のものを加えた）

円だ。1万円まで、あと一息だ。やれやれ、ようやく金が、ここまで上がって来た。
業者の卸売りの値段は、9100円だ。そして、小売価格はもうすぐ1万円だぞー。

（同書P192）

ここで私が、「金が1グラム＝1万円になったゾ。ほーら見ろ」と、威張《いば》ってはいけないことは分かっている。威張る人間は嫌われる。
しかし、全国から、私への信頼と期待が寄せられているのも事実だ。私はお客さま（読者）に、「自分の大切な資産を、こう守りなさい」と、自信を持って道標《みちしるべ》を示す。道案内をする。オリエンテーション orientation する。私は読者を裏切らない。

●なぜ「売り」と「買い」の差額が、わずかなのか

私が定期的に開催している金融セミナー（講演会）で、最近は来場者から「今、持っている金《きん》を、私はこのまま持ち続けて、できれば1グラムが2万円になった時に売ろうと思いますが、この考え方でいいでしょうか」という質問がある。

私は「それでいいですよ」と答えた。

今、金の小売《こうり》値段と業者の買取《かいとり》値段の差は、1グラム当たり110円ぐらいだ。たったの110円である。田中貴金属《たなかききんぞく》の「日次金価格推移《にちじきんかかく》」を見ると、店頭での小売値段は、1グラムが1万0100円である。

これに対して、買い取り（お客からは売却）の値段は、9985円だ。だから、その差はわずか115円だ。P21に金の買取業者と、その買取値段の表を載せた。この買取業者

これからは金貨 gold《ゴールド》 coin《コイン》 をネット通販で安全に買う

メイプルリーフ金貨
（カナダ）

ブリタニア金貨
（イギリス）

ウィーン金貨
（オーストリア）

野口コインは田中貴金属よりも1枚（1オンス）あたり6,000円も安い

	田中貴金属の電話注文では	野口コインのネット通販なら
メイプルリーフ金貨	319,359円	313,340円
送料	1口 2kgまで 2,200円	全国一律 1,000円
10月4日の価格（税込）	321,559円	314,360円

福岡を拠点にする「野口コイン株式会社」は、外国政府の正規ルートから、直接商品を仕入れている。偽物がなくて安心だ。インターネット上での通信販売が中心である。

https://www.noguchicoin.co.jp/

たちについては、P34でも説明する。彼らには要注意である。

なぜ、金の「売り」と「買い」が、こんなにわずかの差額なのかというと、金《きん》を売った時に消費税分の10%が売り手に戻ってくるからである。

金と土地だけは消費しない。ということになっている。減価《げんか》depreciation《デプリシエイション》しない。土地の上に建っている建物（上物《うわもの》）は、時間が経《た》つごとに古くなって減価償却《しょうきゃく》する。しかし、金と土地の価値は無《な》くならない。目減りしない。ことになっている。会計学と税法学上《じょう》でそのように決まっている。ちょっと不思議な感じがするが。

売り値の10%（1グラムで1000円）も戻って来る、というのは、大変な利益である。普通の取引（売買）では、こんなことは有り得ない。だから、急いで金《きん》を買いなさい。

「副島先生、金の値段は下がるのではないですか。今の〝揺《ゆ》り戻《もど》し〟はありませんか」と私に質問する人もいる。私はハッキリ言う。「金価格の下落《げらく》はあります。1グラム＝9000円ぐらいまであるでしょう。でも、その時、買い増しなさい」と。

短期的に金《きん》の値段が下がることは必ずある。しかし、やがて再《ふた》び1グラムが1万円に戻り、さらに1万2000円、1万4000円になってゆく。目標としては、前述したとおり、あと3年で3万円になるだろう。だから、金《きん》の国内価格が安くなった時こそ、買い増すべきだ。

前著『米銀行の連鎖破綻から大恐慌の道筋が見えた』（徳間書店刊）でも説明したが、為替（円ドル相場）が1円、動くと、金《きん》1グラムの値段は、60円動く。このことを覚えてほしい。

たとえば、1ドル＝140円で金1グラムが1万円だとしよう。これが1ドル＝141円に（円安）なったら、金1グラムは1万60円になる。逆に、1ドル＝139円の円高になると、金1グラムは1万引く60で、9940円になるのである。このあと逆の流れが起きて円高《えんだか》が進むと金が値下がりする、と心配する人たちがいる。その時には、ドル建《だ》ての金の値段（世界値段。今はまだニューヨークの先物《さきもの》）が上がる。1オンス（31・1グラム）で2000ドルをどんどん上に超してゆくだろう。

●「野口《のぐち》コイン」を勧《すす》める

これから金《きん》を買いたい人たちは、どのように買ったらいいか。これまでの数年間は、私は、100グラムの金の延《の》べ板《いた》を買いなさい、と勧《すす》めてきた。

今では、100グラムの金の延べ板（金の地金《じがね》。ゴールド・インゴット）も、金1グラム＝1万円の時代になったので、ちょうど100万円（小売）である。それでも「200万円以下の金の取引は、業者が税務署に届けを出さなくていい」という決まり（国税庁の通達《つうたつ》）がある。まだ200万円までは余裕がある。だから、100グラムの延べ板を購入することを今も私は推奨する。しかし、この他に、新しい買い方を強く提案することにした。

それは金《きん》の貨幣、すなわち金貨《きんか》を買いなさい。金貨（ゴールド・コイン）は貨幣《かへい》である。貨幣というのは、国家が発行する強制通用力を持つ、お札《さつ》（紙幣。note ノートと言う）と同じお金《かね》（マネー）である。法律学的に詳しくは、法貨《ほうか》（legal tender リーガル・テンダー）と言う。

誰でも分かるとおり、金貨は、まさしく古代以来どこの国の歴史でも、貴重で高価なお

野口コインは英国造幣局から直接買っている

福岡市の天神にある店舗の前で

THE ROYAL MINT®
OFFICIAL PARTNER

P23で紹介した野口コインは、イギリス王立造幣局(THE ROYAL MINT　ザ・ロイヤル・ミント)の正規代理店である。

この THE ROYAL MINT ® OFFICIAL PARTNER　という表示は、世界中で非常に重要だ。®(レジスター 登録)がある。このロゴ(トレイド・マーク)を、自社のウェブサイトや印刷物で使えるということは、大変な信用である。

日本は、お役人さま＝お奉行さまの国だから、こういうことに自覚がない。

私、副島隆彦は、このイギリスその他のお墨付きがあるから、日本の国税庁が野口コインには襲い掛からないのだと推測する。野口コインは、本当に、これから田中貴金属と競《せ》り合って、急激に成長するだろう。

金（マネー）である。通貨《つうか》（currency《カレンシー》）とも言う。

金貨の買い方で、今日本で一番安全で安心なのは、P23に載せたとおり、野口《のぐち》コインというネット通販会社で買うのがいい。ここで買うと、田中貴金属よりもコイン1枚当たり6000円も安い。P23の表にあるとおりだ。送料も安い。

これまで私は、ウィーン金貨（オーストリア造幣局《ぞうへいきょく》が発行）とメイプルリーフ金貨（カナダ造幣局が発行）を勧《すす》めてきた。しかしこの他に、ブリタニア金貨（イギリス造幣局が発行）を強く勧める。このブリタニア金貨だと、ウィーン金貨やメイプルリーフ金貨より、さらに野口コインでは3000円安く買えるようである。野口コイン株式会社の名前を、インターネットで検索したら、すぐに出てくる。だから、わざわざ店舗まで行って買うよりも、安心かつ安全である。全国どこからでも買える。配達の保険料も売り主が負担している。

●金貨〝ヒロヒト・コイン〟の謎

ここで、コインとメダルは、どう違うのかを説明する。コインと似ているけれど、違うのがメダルである。メダルはコイン（貨幣　カレンシー）と違って、お金《かね》ではない。「記念メダル」という言葉があるとおり、誰でも勝手に丸い金属片で製造して、周《まわ》りに配ることができる。メダルはお金《マネー》（貨幣）ではありません。

こういうバカみたいなことを誰も説明しないから、人々が正確な知識を持てない。

ところが、昭和61年（1986年）11月に出した「昭和天皇在位60年」のお祝いの記念メダルは、そのまま金貨だった。当時、〝ヒロヒト・コイン〟と呼ばれた。これを榊原英資《さかきばらえいすけ》という、かつては有名だった大蔵官僚（当時は理財局《りざいきょく》国庫課長。その後、国金《こっきん》局長から財務官に出世。アメリカの覚《おぼ》えが目出度《めでた》かった）が、責任者の時に発行した。最後には、榊原は「ズルいことをするな」と非難された。今から37年前に1枚10万円で発行した。重さが20グラム、大きさは直径3センチだ。

一応、金《きん》の含有《がんゆう》量は純金《じゅんきん》（24K《ケイ》）ということになっている。それでも、この記念硬貨

1オンス(31.1グラム)あたりの国際金《きん》価格

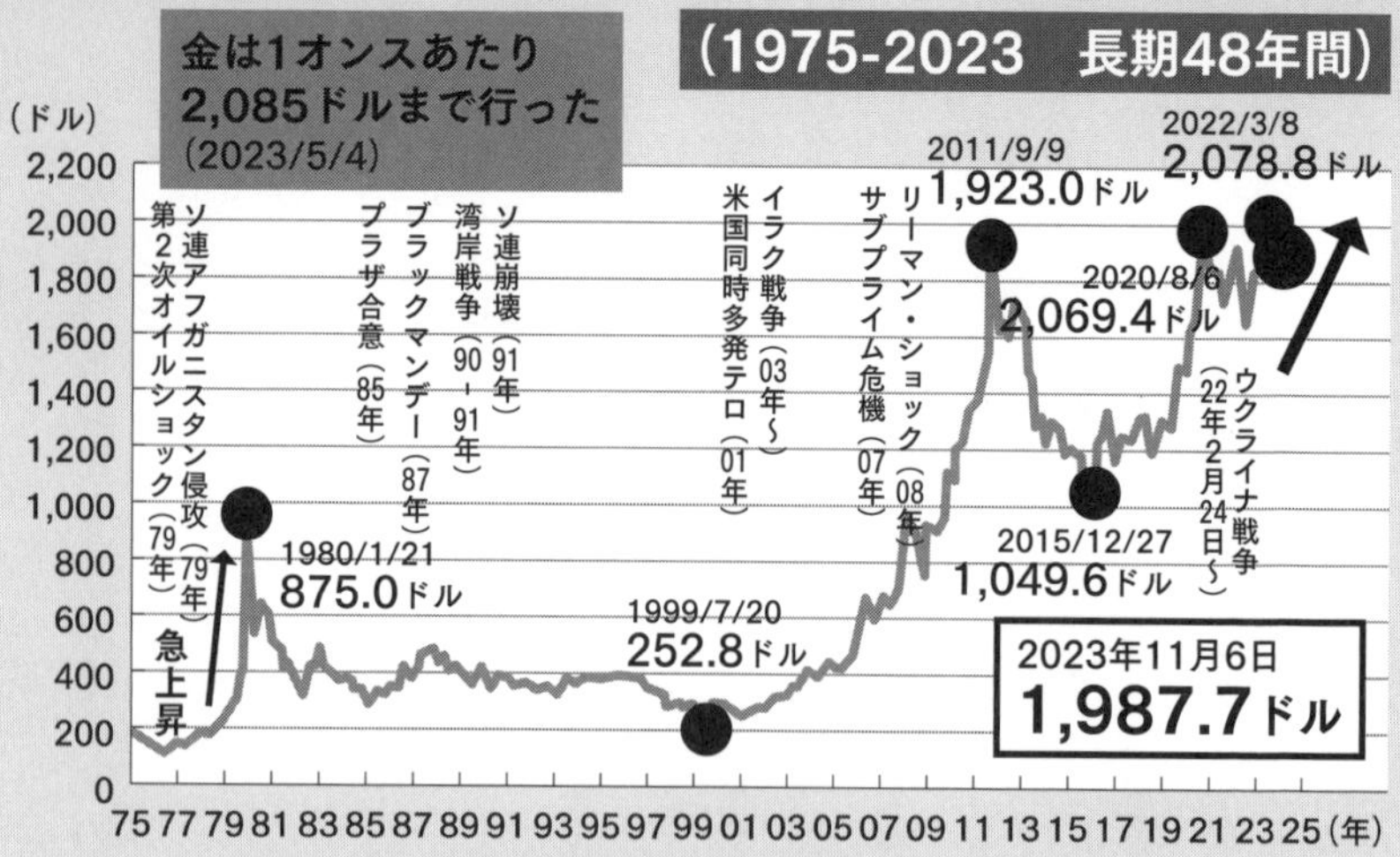

出典　貴金属商金推移価格、COMEXの中心限月終値を参考にして作成

が発行された1986年11月当時の金の小売値段は、1グラム＝2100円ぐらいだ。ということは、1枚が4万2000円である。それを、ずっと高い10万円で、記念金貨として発行した。

今、この金貨は、楽天《らくてん》モールとかのネットショップで、プレミアム（割り増し金）が付いて、21万円の値段が付いている。発行した時は10万円だ。37年も経《た》つのに、たったの21万円である。大して上がっていない。

大蔵省がずるいことをして、金の含有量よりもずっと高い値段で売ったことが、今に響いている。

それに比べて欧米諸国の金貨《コイン》は、さすがに

1グラムあたりの金《きん》の国内小売（税込）価格

（1975-2023　長期48年間）

出典　田中貴金属などの資料を基に作成

世界的信用があるから、どこの国に持ち出しても必ず売れる。アンティーク・コインの値段は、ほとんどが発行時の数十倍の値段が付いている。だからこれからは、純金の金貨を買うべきだ。

1オンス金貨（純金で31・1グラム）を今、33万円で買っておけば、3年後にはちょうど3倍の100万円になっているだろう。その理由（原因）は、米ドルが世界中で大きく下落（暴落する）からだ。これまで1回も金《きん》を買ったことがない人は、私、副島隆彦が、どーんと背中を押してあげるから、さっさと金貨を買いなさい。

それに対して、これまで金《きん》の延《の》べ板《いた》を買って持っている人たちは、少し待って値下がりしたら、余裕資金がまだ有るなら、このあとは金貨で手持ちの金《きん》を買い増しなさい。その場合は、これまでにずっと時折《ときおり》、金の値段の変動を追いかけて十分に自分の体で実感をもって金の価格を分かっているだろうから、ここが安値だと思うところで、買いなさい。

● 買取業者に注意せよ

計算すれば分かることだが、金《きん》の地金《じがね》の値段は、今、小売でちょうど1万円前後だ。だから、1オンス＝31・1グラムに換算すると30万円だ。これを33万円で買うのは損をしたような気になるだろう。この3万円の差額もプレミアム premium という。それに対する反対語は、ロス loss しかない。買う側にしてみれば、今すでに上がった値段で買うのだから、ロスとしか言いようがない。ほんの3年前には1枚18万円で買えた。だが、そんなことを言っていたら、いつまで経《た》っても買えない。

しかも、これまでに自分で金《きん》の地金《じがね》（延べ板）の売り買いをした人は、実感で分かっているだろうが、前述したとおり買取業者に持って行って売却すると、売り値（業者が公表している）と買い値（買取値段）は、たったの120円しか違わない。ただし良心的な業者の場合だ。タチの悪い業者だと、平然と「ウチは、消費税分《ぶん》はお返ししません」と言う。これは、詐欺《さぎ》だから気をつけてください。

10%分の消費税が売却時に戻ってくる。これは再度書くが、すごいことである。これまで副島隆彦の本をずっと読んできた人たちでも、こういう精密なことに自覚がない。だからこうして教えておく。


前のほうで書いたが、土地と金《きん》（鉱物資源）だけは消費しない。消えて無《な》くならないことになっている。会計学と税法理論上、そうなっている。土地の上の建物は減価償却《げんかしょうきゃく》（デプリシエイション）して、45年とかで価値がなくなる。電気製品や自動車も価値がなくなる。ところが金と土地だけは消費しないので、売る時に、買った時に払った消費税分の10%がまるまる戻ってくるのだ。魔法のような、狐《きつね》につままれたような話である。

だから、この日本の制度に惹《ひ》かれて、5年前に韓国から金《きん》を持ち込んで10%の売却益を得ようとして捕まった者たちがいる。果たしてこれが犯罪なのか分からない。政府（国税庁）というのはそれ自体が実は国家暴力団だから、いざとなったら何でもやる。この「消費税分の10%が売却時に戻ってくる制度」だって、いつまでも続くとは私は思っていない。彼らはいざとなったら理論《セオリー》でも何でもねじ曲げる。

注意すべきは、最近、日本全国の都市に溢《あふ》れている「金《きん》の買取業者」たちである。彼らの中には、この1割の消費税分の買い取り価格への上乗せを、わざと（故意に、無視して）払わない不届き者たちがいる。だから、大手の貴金《き》属業者で売れば、1グラム＝9500円で買い取ってもらえるのに、それが7500円とかで買い叩かれる場合がある。だから十分に気をつけてください。私は、この手の買取業者たちのたちの悪さを、ずっと監視している。

ところが、それでも相続税の対策を急いでしなければいけない人たちが、100グラムの延べ板を、あちこちで売却している。が、ここで弱気になって、売却金額をごまかされることが起きている。

ちなみに、野口コインでは、金貨の買取値段は1枚32万1387円（10月24日）である。それに比べて田中貴金属は31万5995円である。ここでもわずかだが、野口コインのほうが高く買い取ってくれる。

このほかに、インディアンやらカンガルーやらの動物が刻印されている世界各国の金貨が販売されている。これらは大体が、すでにプレミアムが付いていて、1オンス金貨で50万円とか、高いのは100万とかの値段がする。これらに興味のある人は、さらに値上がりのプレミアムを追求して、購入すればいい。ささやかで健全なギャンブル志向である。

●その古い金貨《アンティーク・コイン》は本物か

これらの真面目な金貨の販売とは別個に、博奕《ばくち》、投機用の高額な「アンティーク・コイン」という特殊な古い金貨を扱っている業者たちがいる。気をつけなさい。このアンティーク・コイン（金貨）は、3000万円とか5000万円とか7000万円もする。大きさも10オンスとか20オンスもある。純然たる純金であることは事実だ。これらはたとえば「100年前の19世紀末（1890年代）に作られたビクトリア女王の肖像が刻まれている古い金貨」である。

こういう3000万円もするような金貨に手を出すと、あとで大失敗、大損害することがある。なぜなら、純然たる（genuine　ジェヌイーン）金貨で﹅は﹅あ﹅るのだけれども、果たして、これらが本当に、真実の100年前にイギリス王立造幣局《ロイヤル・ミント》によって作られたかどうか、分からないのだ。

　これらはラミネートにしっかりと封入されて、奇妙な保証書のようなものが付いている。たしかにヨーロッパから輸入された金貨であることは間違いない。それでも、よほどの人たちでなければ、その真贋《しんがん》は見分けられない。それらが真正（ジェヌイーン）の古いコインであるか、日本人には分からないのだ。このことは、昔からある古い切手（アンティーク・スタンプ）の収集家たちの間で売り買いされてきた切手が何百万円もするのと同じ性質を持つ。

　同じように、ヨーロッパの泰西《たいせい》名画であるアンティーク絵画がある。これらも真贋の見分けが、いまだに美術鑑定《かんてい》家たちにあってさえ判定が割れるものが多い。あるいは、クラシック・カーと呼ばれる古い高級車であるフェラーリやロータスのような１９６０年代の名車もある。３億円とかする。

　さらにヴィンテージ・カーと言うと、戦前の１９３０年代の頃の、希少な高級自動車や初期のレーシング・カーのことである。時計にもスイス製の高価な古いものたちがある。宝石並みの扱いだ。

一言で、結論として、こういう高額のアンティーク・コインには、皆さんは手を出してはいけない。金貨の場合、今、私たちが買える新しい金貨（200万円ぐらいまでが限度）と、100年前とかの古い数千万円もする金貨（アンティーク・コイン）の区別をしっかりと付けてください。

なぜ東京や大阪の大手コイン業者が滅んだかというと。国税庁（税務署）の一斉の査察を受けたからだ。アンティーク・コイン業界は、その後、東京の新橋の実店舗街《じつてんぽがい》から、一斉に消えた。20年くらい前である。そして闇《やみ》市場に転落したのである。彼らは今、大型ホテルの宴会場を借り切って、何百人も集まって相対《あいたい》で、その場限りでの売り買いをして、そして立ち去るようである。これ以上のことは、私は書かない。

●金1グラムが、いくらになったら買い時なのか

だから野口コインのような、しっかりとした信用のおける、ネット通販を中心に伸びてきたお店で金貨を買いなさい。100グラムの延べ板もしっかり取り扱っている。

再度書くが、東京の田中貴金属や石福《いしふく》、徳力《とくりき》よりも1枚6000円も安く買える。なぜ

ならば、野口コインは、イギリス王立造幣局やオーストラリア造幣局の販売官（リテーラー）から直接の正規の取引業者と認定されているからである。ザ・ロイヤル・ミント（王立貨幣鋳造所《ちゆうぞう》）のレジスター（登録）を受けている正規の代理店である。このことも非常に重要である。

The Royal Mint　ザ・ロイヤル・ミントという言葉は、日本人にはピンと来ない英語だが、王立の貨幣鋳造所《ミント》である。日本の江戸時代の金座《きんざ》と銀座《ぎんざ》の幕府直轄《ちよつかつ》の小判《こばん》製造業者たちと同じである。

だから、これからまだ金《きん》を買い増そうとする人たちは、**1グラム＝9000円になったら買いなさい**。それを金貨でも増やしなさい。

そして、まだ金《きん》を買ったことがなくて、「買いたいな。でもどうしようかな」と、ずっと迷って判断できない人は、いくらでもいいから、今すぐ買いなさい。財物《ざいぶつ》というのは、自分の手元に置いてじっと持っていると、次第にその物の価値が体《からだ》で分かってくる。

米ドルの価値は、この80年間で60分の1になった

ブレトンウッズ会議で決まった
（1944年7月1日）

1944年	金1グラム≒1ドル だった	金(gold) 1オンス＝35ドル と決められた
78年間	金は60倍になった	
2023年10月	金1グラム≒63ドル ≒9,000円（卸値）になっている	現在は 1オンス＝1,970ドル になっている

1944年7月1日

写真　World History Archive／ニューズコム／共同通信イメージズ

アメリカのニューハンプシャー州にある、ブレトンウッズという町のホテル（マウント・ワシントン・ホテル）で、国際会議が開かれた。独、伊、日本が敗戦する1年前だ。この会議で「アメリカ政府は金1オンス（31グラム）を35ドルで兌換することと、IMF（国債通貨基金）と世界銀行の設立」が決まった。立ち上がって発言しているのは、英国代表ジョン・メイナード・ケインズ卿。

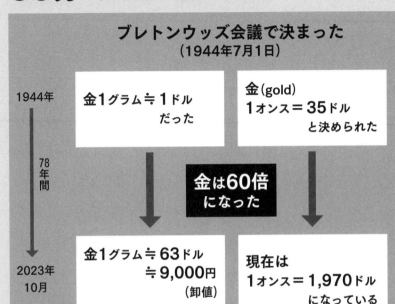

● 金・ドル体制が終わる

金《きん》は、小売価格に対して、卸《おろし》の値段というのがある（P19のグラフ参照）。私の本の読者なら、すでに知っているだろう。ニューヨークのCOMEX《コメックス》（The《ザ》 New《ニュー》 York《ヨーク》 Commodity《コモディティ》 Exchange《エクスチェンジ》）という貴《き》金属の先物《さきもの》市場での値段（米ドル表示）である。

これが金《きん》の国際価格である。**今のところは。まだ、このNYの先物《フューチャー》価格で公表される。だが、中国などは、ロンドンのLME《エルエムイー》の金の直物《じきもの》価格に代《か》えつつある。そして、この「金・ドル体制」（米ドルによる世界支配体制）が終わりつつある。**ドル覇権《ヘジエモニー》はもうすぐ崩壊する。だから、もうすぐ暴騰《ぼうとう》を始める金《きん》の値段は、日本国内の小売で1グラム＝3万円に向かうのである。P43以下で説明する。

このCOMEXは、取引単位はオ（ウ）ンスonce（31・1グラム）だから、このCOMEX値段を31・1で割って、それにその日の為替（ドル円相場。1ドル＝何円）を掛けると、すぐに日本国内の卸《おろし》の値段（1グラム当たり）になる。

今は金《きん》の卸《おろし》の取引は、大阪取引所で行なわれている。ことになっている。大阪と言っても実体はあまりない。すべてネット（ウェブ）上での取引市場だ。ここはＪＰＸ《ジェイピーエックス》（日本取引所グループ）の一部だ。ＪＰＸは、２０１９年10月に、それまで金の先物《さきもの》取引所だったＴＯＣＯＭ《トコム》（東京商品《しょうひん》取引所。東京の兜町《かぶとちょう》）を吸収した。昔の取引は、場立《ばた》ちと言って仲買人《なかがいにん》（正会員）が集まって競《せ》りで値決《ねぎ》めした。そのあと電話での取引。そして今は、正会員たちどうしの暗号《サイファ》のかかったネット（ウェブ）での取引だ。

日本国内の直近で９月４日の金１グラムの卸の値段は、Ｐ19のグラフにあるとおり、９５３２円だ。これに、消費税と業者の手数料を合わせた９６０円を足すと、小売は１万０４９２円になる。

●「金〝資源〟本位制」が世界規模で誕生する

Ｐ19のグラフに示したとおり、世界は**金《きん》〝資源《しげん》〟本位制《ほんいせい》**に向かっている。「ゴールド・リソーシズ・スタンダード」gold resources standard である。金本位制（ゴールド・スタンダード　gold standard）に戻るのではない。金〝資源〟本位制である。現在の不換《ふかん》紙幣（fiat《フィアット》 money）の制度が続くことに変わりはない。

リソーシズとは、いろいろな鉱物資源と、石油と天然ガスを中心とするエネルギーのことだ。これに豚肉や小麦、トウモロコシなどの食料品も入る。英語では「コモディティ」commodity とも言う。これを日本語では仕方なく（他に適切な訳語がないので）「商品《しょうひん》」と訳してきたから、訳が分からなくなる。本当は、基本物資のことだ。

金《きん》は、これら資源（リソーシズ）の王様である。この金を緩《ゆる》やかな中心にした金融制度、経済秩序がもうすぐ世界規模で誕生する。イギリス、アメリカ中心の世界が終わる。前述したこれまでの「金・ドル体制」が終わるのだ。目下の世界中での流行《はや》り言葉は「ディー・ダラライゼーション」〝脱ドル化〟の進行である。

今から80年前の1944年（昭和19年）7月1日に、金《きん》1オンス（31・1グラム）は35米ドルと交換（兌換《だかん》）すると決められた。ただし、これは政府間《かん》（各国の財務省、中央銀行間《かん》）だけで行なわれる。この決定は、アメリカのニューハンプシャー州（古都ボストン市のずっと北）にある、ブレトンウッズという町のホテルで連合国《アライズ》側の国際会議が開かれて、そこで決まった。

だから、この「金1オンス＝35ドル」という取り決めが「金・ドル体制」である。「**ブレトンウッズ体制**」とも呼ぶ。日本が第2次世界大戦で敗戦する1年前だ。日本もドイツも、もう敗色《はいしょく》が濃く出て敗戦がはっきりしていた。

このブレトンウッズ会議で、IMF《アイエムエフ》（International《インターナショナル》 Monetary《マネタリー》 Fund《ファンド》　国際通貨《つうか》基金）と世界銀行（世銀《せぎん》　World《ワールド》 Bank《バンク》　正確には、国際復興開発銀行〔IBRD〕と国際開発協会〔IDA〕の総称）が創設されることも決まった。こうやって、今から80年前にブレトンウッズ体制＝IMF体制ができて、現在に続く戦後の世界体制ができたのである。アメリカのゴリ押しで、金1オンス（31グラム）＝35ドルと決まった。

●米ドルは世界の基軸通貨ではなくなる

英国代表だった大《だい》経済学者（皆に尊敬されていた）のジョン・メイナード・ケインズは、そのアメリカ案に反対して、Bancor（バンコール。銀行 bank とフランス語の金《きん》 or《オール》を組み合わせた）という案を出した。これは、主要各国の中央銀行が合同で金《きん》と交換できる世界通貨《ワールドカレンシー》を作る、という案だった。このバンコールはアメリカに拒否されて、戦勝国で超大国になったアメリカに押し切られた。

あれから79年が過ぎた今、金1オンスは、1970ドルになった。P39の図を見てほしい。35ドルが1970ドルにまで落ちたのだ。米ドルの価値は60分の1になった。

ということは、金《きん》のドルに対する価値（value《ヴァリュー》）は、この80年間で60倍になったのである。反対から見れば、ドルの価値は、「ブレトンウッズ体制＝IMF体制＝金・ドル体制」が始まった時から60分の1に下落した。これほど激しく減価《げんか》depreciation《デプリシエイション》したのである。

米ドルは、これから先も、もっともっと暴落しなければ済まない。なぜなら、今ではアメリカ政府（財務省）自身にも分からないぐらい、ドル紙幣を刷《す》って世界中に流してしまったからだ。

ドル紙幣《ノート》だけで信用貨幣《クレジット・マネー》としての帳簿上だけに生まれているドル（ドル建て勘定）がある。それと、こっちも膨大《ぼうだい》である米国債《べいこくさい》（TB《ティービー》 トレジャリー・ボンド）を際限なく発行した。だからドルは、自分で自分の信用（クレディビリティ）を支えられなくなっている。ドルは世界の基軸《きじく》通貨（キー・カレンシー　key currency　）の座からもうすぐ滑《すべ》り落ちる。米ドルによる世界一極《いっきょく》支配体制は崩れ果ててゆく。

そしてこの時、**米ドルと金《きん》（ゴールド）の政府間《かん》での交換が切断《せつだん》される**のである。英語で The《ザ》 U.S.《ユーエス》 Dollar《ダラー》-gold《ゴールド》 Linkage《リンケージ》 Cut《カット》 である。これがもうすぐ起きるだろう。私はこのことを、この「エコノ・グローバリスト・シリーズ」の第14巻である『「金《きん》・ドル体制」の終わり』（2011年11月、祥伝社刊）から書き始めた。そして**ドルに代わる次の新しい世界通貨（ニュー・ワールド・カレンシー）が出現する**と予言した。そして私の予言どおり、世界でその動きがはっきりしてきた。

2章

世界で「脱ドル化《デイー・ダラライゼーション》」が進んでゆく

●世界の中心が、欧米から貧乏大国同盟に移ってゆく

来年2024年に、BRICS《ブリックス》通貨ができる。10月にロシアで開催される次のBRICS首脳会議の時だろう。これが前述した、金〝資源〟本位制（gold resources standard）の受け皿receipt tray《レシート トレイ》となる。ドルとユーロ（欧州統一通貨）は、一気に衰退して、それぞれ地域《ちいき》通貨（ローカル・カレンシー）となってゆく。

世界の中心は、現在の欧米（英・米・独・仏）白人たち（G7先進国《ジーセブン》）から、肌に色が付いた人たちの、貧乏大国の同盟《アライアンス》に移る。中国、ロシア、インド、ブラジル、サウジアラビア、イランたちの協調・協力関係で、これからの世界は動いてゆく。アメリカとイギリスの没落（decline and fall《デクライン アンド フォール》）が決定的になる。

私はこのことを、8年前に出した『中国、アラブ、欧州が手を結びユーラシアの時代が勃興《ぼっこう》する』（2015年7月、ビジネス社刊）から、ずっと書いてきた。しかし、信じたくないという人たちが、今も日本の政界、財界（経営者団体）にたくさんいる。「いや、

次のBRICS《ブリックス》会議が、米ドル支配を終わらせる

写真　AFP＝時事

2023年8月22日～24日、南アフリカのヨハネスブルグで
BRICS首脳会議が開かれた。登壇する5カ国の首脳たち

写真　EPA＝時事

本当は、ここにプーチン大統領がいるはずだった。しかし飛行機で飛んで来たら撃ち落とされるから、ビデオリンクで以下のように演説した。

「BRICS諸国間の貿易を米ドルが支配する時代は終わる。脱ドル化の客観的で不可逆的なプロセスは、勢いを増している」

脱ドル化 de-dollarization《ディー・ダラライゼーション》が急速に進む

アメリカはまだまだ強いよ」と私に言う。だから私は、彼らに、「あと3年、待っていてください。状況が大きく変わりますから」と言った。

私には本の読者（お客さん）が付いている。私の読者は、柔軟な頭（脳）の持ち主たちだ。「副島、お前の言っていることは、どうも本当らしい。俺も、そろそろ考えを変えよう」と、私の本を買って読んでくれる。

今年（2023年）の8月22日から24日まで、南アフリカのヨハネスブルグで、BRICS首脳会議が開かれた。P49に載せた写真のとおりだ。

BRICSの頭《かしら》文字のB（ブラジル　ルラ・ダシルバ大統領）、R（ロシア　セルゲイ・ラブロフ外相）、I（インド　ナレンドラ・モディ首相）、C（中国　習近平《シーチンピン》国家主席）、S（南アフリカ　シリル・ラマポーザ大統領）が集合した。その他71カ国の首相や大統領たちも集まった。日本を含めて、先進国側（G7側）は、この会議をほとんど報道しなかった。無視した。

本当は、ここにロシアはラブロフ外相ではなく、ウラジミール・プーチン大統領が来る

先進国対貧乏国同盟のGDPと人口
（G7）　（拡大BRICS）

		順位	GDP		人口
主要7カ国（G7）	米国	1	25.5兆ドル		3億3300万
	日本	3	4.23		1億2500万
	ドイツ	4	4.07		8400万
	英国	6	3.07	43.8	6700万
	フランス	7	2.78		6800万
	カナダ	9	2.14		3900万
	イタリア	10	2.01		5900万
拡大BRICS	中国	2	18.0兆ドル		14億1200万
	インド	5	3.39		14億1700万
	ロシア	8	2.24		1億4300万
	ブラジル	11	1.92		2億1500万
	南アフリカ	38	0.41		6000万
	サウジアラビア	17	1.11	29.2	3600万
	アルゼンチン	22	0.63		4600万
	UAE	29	0.51		940万
	エジプト	32	0.48		1億110万
	イラン	41	0.39		8900万
	エチオピア	61	0.13		1億2300万

出典　世界銀行

世界人口比は、15：85だ。GDPもこの数値に向かう。

はずだった。ところが、プーチンは、ウクライナ戦争で国際刑事裁判所（ＩＣＣ。と名乗る悪の巣窟《そうくつ》。極悪人《ごくあくにん》の裁判官と検事たち）から逮捕状が出ている。南ア政府は逮捕しないが、飛行機を撃墜されて殺される恐れがあったからだ。

●脱ドル化（ディー・ダラライゼーション）が世界で進む

このＢＲＩＣＳ首脳会議は、日本では、ほとんどニューズ報道されない。以下に、私が採集したサウジアラビアで発行されている英字新聞の記事を、私が日本語訳して載せる。

「世界貿易におけるドルの支配は終わる
プーチン大統領、ＢＲＩＣＳ首脳会議で語る」

ロシアのウラジミール・プーチン大統領は、８月22日、「**ＢＲＩＣＳ諸国の間で、米ドルが貿易を支配する日は、もう終わりだ**」と述べた。

プーチン大統領は、今回のＢＲＩＣＳ会議（サミット）で、「加盟国は貿易の決済を、ドルから各国通貨に切り替えることについて話し合う。そうすることで、ＢＲＩ

さらにどんどん増えるBRICS加盟国

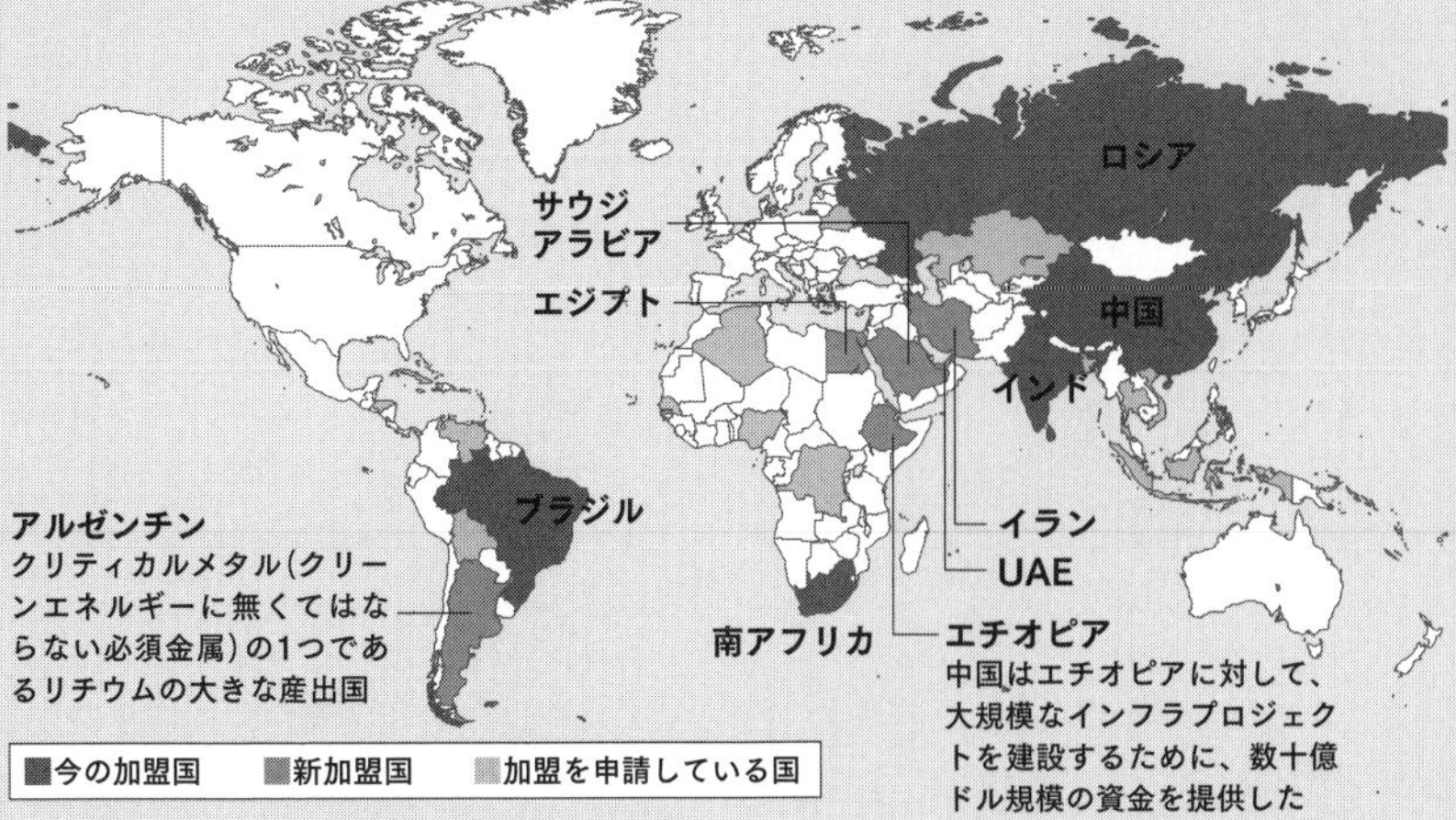

出典　visualcapitalist. com　図中の英文を副島隆彦が日本語訳した

新興の貧乏大国連合のBRICS(ブリックス)は2011年に5カ国で始まった。2024年1月から6カ国が新しく加盟して11カ国になる。

“拡大BRICS”(11カ国)の世界シェアに占めるGDPと人口

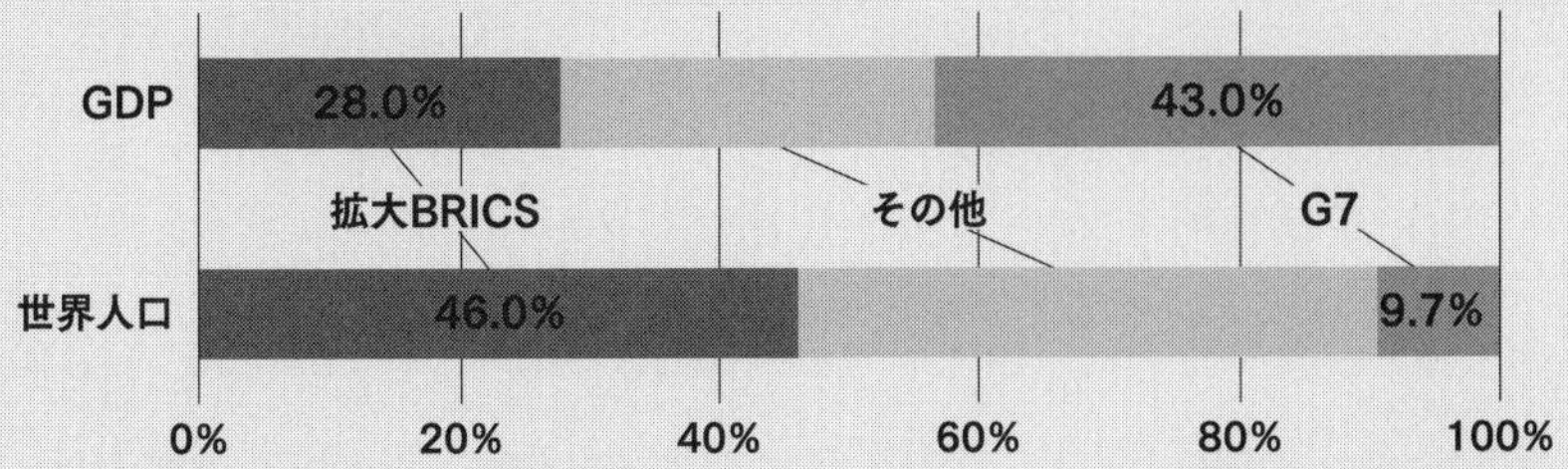

出典　世界銀行

購買力平価ベースではG7合計は40.9兆ドル、BRICSは合計42.2兆ドル、新規加盟国は合計5.9兆ドル。すでに逆転している。

各国による統一政策は欠如しているものの、「脱(だつ)米国支配」で共通している。貿易決済をドルから現地通貨に変えてゆくことを志向する。脱(だつ)ドル化である。

ＣＳ新《しん》開発銀行（正式名称はＮＤＢ《エヌディービー》 New《ニュー》 Development《デヴェロップメント》 Bank《バンク》）が重要な役割を果たすだろう」と語った。

また、プーチン氏は「私たちＢＲＩＣＳ諸国の経済関係の**脱《だつ》ドル化に向けた客観的かつ不可逆的なプロセスが勢いを増している**」とも述べた。

プーチン大統領は、国際刑事裁判所の逮捕状が出ているため、この会議には直接出席できず、ビデオで演説した。同氏は、「このブロック（ＢＲＩＣＳ諸国）が、世界人口の大部分（引用者注。世界人口の85％）の願望を満たす方向に進んでいる」と述べた。

「私たちは平等、パートナーシップの支援、互いの利益の尊重という原則に基づいて協力する。これが私たちのＢＲＩＣＳ同盟の未来志向の戦略的方針の本質である。そして世界社会の主要部分、いわゆるグローバル・マジョリティの願望を満たす方針だ」と語った。

（ＡＲＡＢ ＮＥＷＳ Ｊａｐａｎ　2023年8月23日　太字も引用者）

このように、プーチンは「ＢＲＩＣＳ諸国間《かん》での貿易を、米ドルが支配する時代は終わる。これからはＢＲＩＣＳ新開発銀行（ＮＤＢ。上海に本部がある）が世界の貿易と金融で重要な役割を果たす。脱ドル化が勢いを増す」と演説した。

この時プーチンが言った「脱《だつ》ドル化」de-dollarization《ディー・ダラライゼーション》が重要だ。この「ディー・ダラライゼーション」というコトバを、私が日本国内で流行《はや》らせなければいけない。私が、このように正確に書いて伝えると、新聞記者どもが、この表記に気づいて追随《ついずい》してくる。

日本では、主流派（体制派）メディアからは、プーチンは嫌われ者で、人殺しの親分のように報道される。そんなことはない。プーチンは、ずば抜けて頭がいい為政者である。フィロソファー・キング（philosopher king 哲人王《てつじんおう》）だ。ただ、ロシア帝国のツァーリ（царь　ロシア皇帝）の伝統を受け継いでいるから、激しい面もあって、独裁者でもある。先進国側（Ｇ７《ジーセブン》）の世界支配を突き崩すには独裁体制であるほうがやりやすい。

●２０２４年、ＢＲＩＣＳ新通貨（ＢＲＩＣＳ債券）の誕生

本当は、この８月のＢＲＩＣＳ首脳会議で、ＢＲＩＣＳ新通貨《つうか》new world currency《ニュー　ワールド　カレンシー》を

発表する予定だった。しかし、インドのモディ首相が「まだ早い」と反対したようだ。それで他の首脳たちは、「分かった。それでは来年（2024年）にしよう」となった。来年、米ドルと米国債が崩れ始めたら、その受け皿になるために、BRICS通貨という新しい世界通貨を発行するだろう。

しかし、このBRICS通貨は、お札《さつ》（紙幣）を発行しない。その代わりに、BRICS国債（bond　ボンド）を出す。BRICS債券《ボンド》である。これをブラジルやインドや中国の金持ちたちが、ワーッと買うだろう。日本人も買えばいいのである。この債券の発行で大きな資金を集める。

貿易の決済《けっさい》settlement《セツルメント》用に、政府間の帳尻《ちょうじり》を合わせるために、このBRICS通貨を使うのである。来年から、そういう時代に入ってゆく。次のBRICS会議（第16回会合）は2024年10月に、ロシアのカザン市（モスクワから東へ800キロ。ボルガ川の畔《ほとり》）で開かれる。

BRICSの加盟国は、今の5カ国から11カ国に増えた。8月の首脳会議で、サウジアラ

BRICS通貨を予言したJ.リカーズ

ジム・リカーズのX（旧Twitter）から

ジム・リカーズ（James G. Rickards。1951年9月29日生。72歳）。アメリカとイギリスの投資家向けの「アゴラ・ファイナンシャル」の主要ニューズレター、「ストラテジック・インテリジェンス」の編集者。

“Currency Wars”『通貨戦争』、“The Death of Money”『ドル消滅 ザ・デス・オブ・マネー』などのベストセラーがある。

「BRICSによる金（ゴールド）を裏打ちとする新通貨が、8月に登場する」

BRICS Gold-Backed《バックト》 Currency Coming in August

この8月22日に発行が発表される（注。延期された）ブリックス新通貨は、すでに資本と流通・通信が洗練されている、現在の新興5大国の国際ネットワークに投入される。

この新興大国のネットワークが、新ブリックス通貨の成功チャンスを、さらに大きく高めるだろう。

デイリー・レコニング誌　2023年6月6日

ラビア、イラン、エチオピア、エジプト、アルゼンチン、アラブ首長国連邦（UAE）の主要新興国の6カ国が、2024年1月1日のBRICSの加盟国である。

「BRICS加盟国が拡大、11カ国に　新たにアルゼンチンなど6カ国」

中国、インド、ロシア、ブラジル、南アフリカで構成する新興5カ国（BRICS）は、8月24日、来年1月から新加盟国としてアルゼンチン、エジプト、エチオピア、イラン、サウジアラビア、アラブ首長国連邦（UAE）の6カ国を受け入れると発表した。BRICSは、「グローバル・サウス」と呼ばれる新興国・途上国を結集する。そして、欧米主導（引用者注。G7《ジーセブン》体制。西側同盟《ザ・ウエスト》が中心）の国際秩序に挑戦している。

産油国であるサウジとUAEには豊富な資金力がある。BRICSが独自に進める途上国向けの開発融資を強化している。エジプトとエチオピアは、人口が1億人を超える地域大国（リージョナル・パウア）である。アルゼンチンは、隣国のブラジルが加盟を強く後押しした。核開発を巡り欧米と対立が続くイランの加盟も認めた。

（毎日新聞　2023年8月24日）

●「アメリカの副島隆彦」は何を書いたか

このBRICS首脳会議（8月22日から24日まで）の2カ月半前に、きわめて重要な記事が出た。日本では、まったく知られていない。

記事を書いたのは、ジム・リカーズ James G. Rickards という有名な金融アナリストだ（P57の写真）。この人は弁護士で、投資銀行家でもある。リカーズは、6月6日、「デイリー・レコニング」誌 Daily Reckoning という情報誌に「8月の会議でBRICS新通貨が出現する」と断言して書いた。

以下にその記事を、私が日本語訳して載せる。

「BRICSによる金（ゴールド）を裏打ちとする新通貨が、8月に登場する」

今日（2023年6月6日）から約2カ月後の8月22日に、国際金融で、1971年以来（引用者注。8月15日〝ニクソン・ドル・ショック〟。52年前）もっとも重要な進展が発表される、とジム・リカーズ氏は『デイリー・レコニング』誌に書いた。

それは、世界的な資金の決済《セツルメント》でドルの役割を弱める。最終的には、現在の主要な決済通貨であり、**基軸通貨としての地位を持つ米ドルに、BRICS新通貨が置き換わるだろう。**新しい主要な世界通貨《ニュー・ワールド・カレンシー》の登場である。それは、これから数年のうちに起こる。（中略）

BRICSは、欧米の覇権主義（hegemony　ヘジェモニー）に対する、実質的で、確実な見込みのある選択肢だ。BRICSは、共同で行動することで、新たな多極化《マルチ・ポーラー》、あるいは二極化（アメリカと中国による）する世界の一極《ポーラー》となる。（中略）

この8月22日に発行が発表される（注。来年に延期された）BRICS新通貨は、すでに資本と流通・通信が洗練されている、現在の新興5大国の国際ネットワークに投入される。この新興大国のネットワークが、新BRICS通貨が成功するチャンスを、さらに大きく高めるだろう。

（デイリー・レコニング誌　2023年6月6日）

このジム・リカーズという特異な人物について説明する。彼は1951年生まれ（私、副島隆彦よりも2歳年上だ）で、今、72歳である。1973年に、ジョンズ・ホプキンズ大学を卒業した。この大学は、首都ワシントンD.《ディー》C.《シー》の隣《となり》のメリーランド州にある。そのあと、ポール・ニッツェ・スクールという政治学の大学院を出ている。彼は、思想家のノーマン・ポドーレッツ Norman Podhoretz から指導を受けた。ノーマン・ポドーレッツこそは、アメリカのネオコンサヴァティブ（ネオコン　neo - conservatives　）の思想の産みの親の一人だ。

したがって、故ヘンリー〝スクープ〟ジャクソン上院議員（戦略爆撃機を作っているボーイング社が資金を出した。軍事研究のランド Rand 研究所も）の系統に属する。だからジム・リカーズは、決して反　体　制《アンチ・エスタブリッシュメント》の言論人ではない。彼の鋭い論評は、米国防省（ペンタゴン）でも購読されている。

アメリカの現代の政治思想の系譜、諸《しょ》流派のことについて、そろそろ本気で勉強する気があったら、私、副島隆彦の主著である『世界覇権国アメリカを動かす政治家と知識人たち』（初版1995年刊。文庫版は講談社＋α文庫）をしっかり読みなさい。この本が読めないようなら、今の日本で頭のいい人（学歴は関係ない）と言えない。

●世界中の有識者たちが震え上がった

ジム・リカーズは、このあとシティバンクの投資部門に勤めた。投資家やファンド・マネージャー（資金を任《まか》されて運用する人）たち向けのアナリスト（分析家）という職である。政治的にはネオコン（新《しん》左翼くずれ）だから、強硬な反ソビエト思想から始まっている。そしてリカーズは、金融戦略家（ファイナンシャル・ストラテジスト）として欧米で非常に有名な、ウォール・ストリート・ジャーナル（ＷＳＪ）紙のルイス・ルカイザーの教え子でもある。

ただしジム・リカーズは、２００９年に書いた本で、「アメリカを筆頭に世界は、いよいよハイパーインフレに突入する」と書き過ぎて、「未来予測を外した」という悪口の評価を受けた。だが、リカーズのほうが、大きく正しい。

なぜなら、この同じ時に、２００８年9月15日に起きた〝リーマン・ショック〟を、正確に予言して当てた私、副島隆彦と同じことを、ジム・リカーズは主張したからだ。

この日本土人《どじん》の国の言論、出版業界でも、私の本（『恐慌前夜』２００８年、祥伝社刊）はたくさん売れた。けれども、今も私の著作への冷静な客観評価はまったくなされず、無視されたままである。私は今もずっと怒っている。

だからジム・リカーズは、日本の私、副島隆彦と同じで、厳しい近未来予測の言論を行なう。〝アメリカの副島隆彦〟である。それでもネオコン派（新左翼《しん》くずれ。若い頃、トロツカイト Trotskyite、トロツキー主義者たち）出身であるから、アメリカ国防総省（ペンタゴン）やアメリカ財務省も、彼の言論を注視し、高く評価している。

このように、政治思想の系譜からも超一流の言論人だ。私のこの書き方が分からないようでは、世界基準の金融評論もできない。土人の国の知識人のままだ。今回、リカーズが「もうすぐＢＲＩＣＳ《ブリックス》通貨が誕生する。これが新世界通貨になるだろう。それは８月に登場する」と、６月６日にぶち上げて書いたことで、世界中の有識者たちを震え上がらせた。リカーズの評論文が、発震源（エピセンター）になったのである。

ところが前述したように、８月のＢＲＩＣＳ会議で、〝ＢＲＩＣＳ新通貨〟の発表は来年に持ち越されることになった。それでも来年だ。たった1年だ。この時、世界はどうなっているか。

●「ドル覇権《ヘジエモニー》の崩壊」が始まる

P56で書いたように、来年2024年10月に、ロシアのカザン市で次のBRICS会議が開かれる。ここでBRICS新《しん》通貨とBRICS債券《ボンド》の誕生、導入、発行が発表されて、現在の米ドルによる世界一極支配を突き崩してゆくだろう。

この「金《きん》を保証（pledge プレッジ 担保《たんぽ》）とするBRICS新通貨」という世界通貨（new world currency ニューワールドカレンシー）の出現によって、私たちが住む今の世界は、53年ぶりに大きく変化する。

まさに、私、副島隆彦が、17年前（2006年）からずっと唱えてきた、「ドル覇権《はけん》の崩壊」"The Collapse of US Dollar Hegemony"「ザ・コラプス・オブ・ユーエス・ダラー・ヘジェモニー」である。次のBRICS会議（2024年10月）をもって、現行の「金・ドル体制」（IMF・世銀《せぎん》体制）が終わる。

1971年8月15日に、〝ニクソン・ドル・ショック〟と呼ばれる事態が起きた。

ドル下落(ドル安)はアメリカの運命だ
(1980年から長期43年間)

出典　東洋経済「統計月報」から作成

為替(ドル円の相場、直近3年)

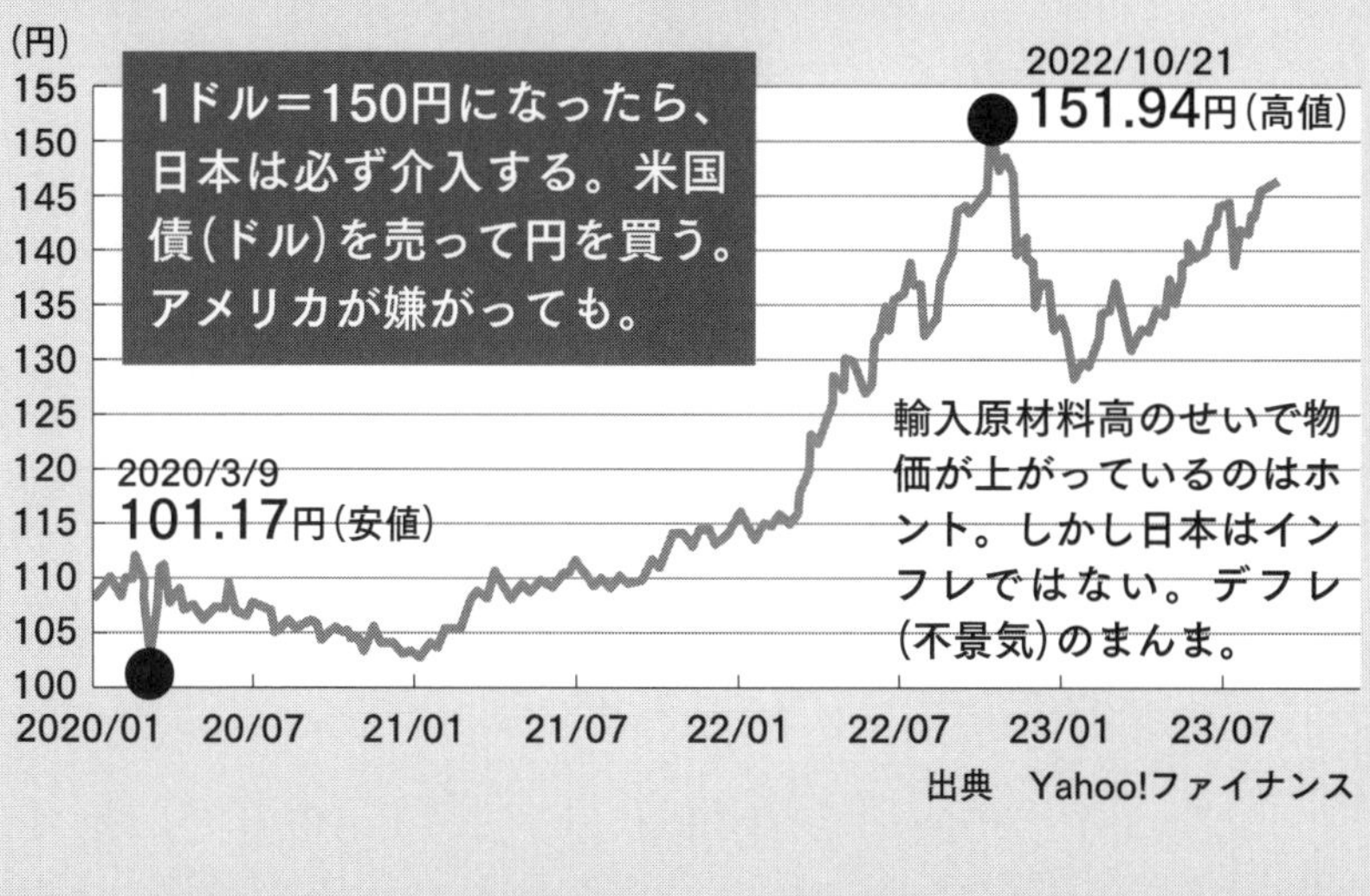

出典　Yahoo!ファイナンス

「アメリカ政府は、英と仏、両政府からの要求があったが、米ドル紙幣を金《きん》の地金《じがね》に交換しない（できない）」とニクソン大統領が表明（宣言）した。今から52年前のことだ。

それでも、このあと持続したのは、やっぱり米ドルを基軸通貨《きじくつうか》（key currency キー・カレンシー）とする「修正《しゅうせい》IMF体制」（別名「ドル・石油通貨体制」）であった。米ドルは金《きん》との兌換《だかん》（交換）を自《みずか》ら拒否した。それなのに、その後も、「ワシントン・リヤド（サウジアラビア）密約」（1974年）で、「世界中の原油（crude oil クルード・オイル）の取引は、必ずすべて米ドル建《だ》てで決済すること」を決定した。「金・ドル体制」は、アメリカとサウジアラビア（石油の価格支配力を持つ）の秘密協定によって、原油の取引をすべてドルで行なうことで、米ドルの信用力を維持した。

これはP42以下で説明した、現在のIMF・世界銀行体制（ブレトンウッズ体制。WWⅡの終結前の1944年7月に決議された）の約束違反だ。金《きん》との交換を停止した米ドルは、大きく信用をなくしたはずなのだ。それなのに、そのあとも、何とズルズルとこの52年間、世界の貿易決済で支配的な通貨であり続けた。

この米ドルによる世界支配が、ついに来年2024年10月に、終焉《しゅうえん》を迎えるのである。ドル覇権が、この日をもって終わり始める。

米ドルの信用は、急激に衰退し、下落してゆく。このことは、ほぼ確実である。「ドルの暴落」がもうすぐ始まる。アメリカ合衆国国内では、今以上の激しいインフレ（ハイパー・インフレ）が起きる。それに対応して、日本なども、新しい通貨を発行する緊急の準備態勢に入る。

私、副島隆彦は、この予測（予言）を、ずっとこの17年間、書いてきた。だからもうこれ以上あれこれ言わない。

●米国務長官と財務長官は、なぜ慌《あわ》てて中国へ行ったのか

アメリカ国務長官のトニー・ブリンケンに続いて、財務長官のジャネット・イエレンが、7月7日から9日まで北京にいた。何を慌《あわ》てて、この2人が、李強《りきょう》（リー・チアン）首相たち中国の首脳に会いに行ったのか。習近平はブリンケンと会うには会ったが、対等の関係とせず、下のほうに並ばせた。

アメリカは、あれほど中国叩《たた》き、虐《いじ》め、制裁による包囲網、そして台湾での戦争の嗾《けしか》けをやっている。それなのに、なぜブリンケンとイエレンの2人は、卑屈《ひくつ》なまでの低姿勢で中国に行ったのか。

日本のテレビや新聞の報道では、「(イエレンが) 米中の対話の強化と、健全な経済競争を呼びかけた」となっている。

だが新聞記者たちは、何も本当のことを書いていない。私、副島隆彦が、はっきり書く。ブリンケンとイエレンは、「中国よ、もっと米国債を買ってくれ。世界の秩序のために、仲良くしようよ」と言いに行ったのではない。米中は、もうそんな甘《あま》い関係ではない。

アメリカには、もう資金面での余裕がない。真実は、「中国よ。中国が保有する米国債を、NYの市場で一斉《いっせい》に売る、ということをしないでくれ (それをされると、ドルが世界中で暴落を始める)」と、懇願《こんがん》しに行ったのだ。

この米からの要請、いや懇願だ、に対して中国は言《げん》を左右にした。いい返事は一切しなかった。少しだけ、相手の惨状に同情するふりだけをしただろう。

中国としても、今、一気に米国債を売り払って、ドルを暴落させる気はない。中国が保有する米国債（表面は8200億ドル、140兆円ある）を売っても、他に買い替えるものがない。人民元《レンミンビ》に換《か》えて中国に持ち帰っても、活かして使う真正《ジエヌイーン》の投資先がない。だから、今は、中国は米国債を少しずつ売るだけで、様子見《み》である。だが来年からは分からない。激しい金融変動が起き始めたら、中国は決断するだろう。

だが、中国が保有する米国債の残高《バランス》は、たったの8200億ドル（これは、外貨準備高《フォーリン・リザーブ》という貿易決済用の外貨勘定である）ではない。本当は、これの10倍の8兆ドル（1400兆円）ぐらいある。中国政府の他に、世界中の華僑《かきよう》（オーヴァーシーズ・チャイニーズ）が持っているドル資産もある。これには台湾（中国の一部である）のドル資産も含まれる。

そして、日本が、秘密に（無理やり）隠し持たされているドル建て資産（100年物《もの》の米国債）は、16兆ドル（1800兆円）もある。アメリカ政府は、当然8月22日の「BRICS新世界通貨」の発表、誕生のことを事前に知っていた。だから、インドのモディ首相に強い圧力をかけて、このBRICS《ブリックス》会議で意見がまとまらないことで、この発表をさせなかった。

●だから金は、3年後、3倍に跳《は》ね上がる

ジム・リカーズの文を、私が初めて読んだのは、6月23日である。日本の金融アナリストで、高い信用を持つであろう人物から送られてきた。その後、私は自分でも調べて、この記事の信頼性の高さを多角的に確認した。

リカーズは、この評論文でさらに以下のように書いている。

現在のBRICSシステムの発展で、最も重要なことは、今もBRICS加盟国の数がどんどん拡大していることだ。拡大した組織は、非公式に「BRICS+(プラス)」という名称で呼ばれている。

現在、BRICSに正式に加盟を申請しているのは8カ国だ。その他に17カ国が加盟希望を表明している(引用者注。この会議には71カ国の首脳が集まった)。BRI

ＣＳ＋（プラス）の新通貨は、加盟国間の貿易取引で、実際に取引される商品（コモディティ）のバスケットにペグ（連動）される。最初の議論では、ＢＲＩＣＳ＋（プラス）新通貨のためのコモディティ・バスケットには、石油、小麦、銅だった。そのほか、世界的に一定の量が取引されている必需品が含まれた。

おそらく、ＢＲＩＣＳ＋（プラス）の新通貨は、日常的な取引に使用する紙幣のような形では利用できないだろう。新しいＢＲＩＣＳ＋（プラス）の金融組織が管理する、許可制の台帳（レジャー ledger 勘定元帳《かんじょうもとちょう》）の上のデジタル通貨となるだろう。

ＢＲＩＣＳ新通貨の作業グループから（私にもたらされる）最新情報では、この商品（コモディティ）バスケットでの価値《ヴァリュー》の評価方法は、１９４４年のブレトンウッズ会議の時に、（次の世界の通貨体制を考案する係だった）ジョン・メイナード・ケインズ卿《きょう》が遭遇したのと同じ問題に、目下遭遇している。

ケインズ卿は、当初、バンコール（Bancor）と呼ばれる世界通貨を発案した。これに、商品バスケット方式を組み合わせることを提案した。しかし、このバスケット制度に含まれる国際的な主要な商品（コモディティ）たちも、完全に代替可能（他と同価値とする）にすることはできない。たとえば、原油には粘度《ねんど》や硫黄分《いおうぶん》などの属性によって、70以上の細かい等級分けがある。

最終的に、ケインズ卿は、商品（コモディティ）バスケットを採用することは（現在の時点では）必要がない、とした。その上で、利便性と統一性の理由から、単一商品である金（ゴールド）（だけに依《よ》る）のほうが、各国の通貨を固定する目的に適していると考えた。

統一的な通貨《カレンシー》の価値《ヴァリユー》を評価・維持する基準として、コモディティ（商品）バスケットは（今のところは）非《ひ》現実的である。だから、今回のＢＲＩＣＳ＋の新通貨も、金（ゴールド）の重さ《ウエイト》だけに連動することになりそうだ。

（副島隆彦訳）

このように、８月のＢＲＩＣＳ会議では、コモディティ・バスケット commodity basket 方式も、ずっと研究されていた。事務方《じむかた》（シェルパ）と呼ばれる、各国の政府から派遣される精密な実務と行政を執行する官僚たちの、研究と協議の場で、すでに10年以上も、この商品バスケット制の導入が検討されている。

だが、「まだ今回も間に合わない」ということで、金《きん》だけを評価して、それを担保、保証、裏打ちとする新通貨の発行に踏み切ることが決定されたようである。ということは、金《きん》の世界値段は、今から、もっともっと上がるのだ。分かりますか?

政治の力(アメリカによる)で、徹底的に低く押さえつけられている日本国内の金《きん》の価格も、屹度《きっと》、跳《は》ね上がる。3年後には今の3倍の値段になる。これ以外に、私は考えようがない。

3章

金利《イールド》の上昇から不景気突入《リセッション》へ

●造幣局の職員が金貨を売る

第1章P38で、野口コインは、イギリスの王立造幣局《ロイヤル・ミント》の正規代理店である、と書いた。正規代理店というのは、日本語でも分かるが、大変高い信用を持つ。日本人には不思議な感じがするが、ヨーロッパ各国政府の造幣局の上級職員たちは、自分で販売先の業者を認定して歩合《ぶあい》制で自分の収入を得ることができる。

日本にも似ている職業がある。これはあまり知られていないことだが、日本の全国のすべての裁判所に、執行官《しつこうかん》という役人がいる。彼らは裁判所の中に、自分の事務所を構えている。

彼らは裁判官が出す裁判の判決に基づいて強制執行《きょうせいしっこう》をする。自分たちのさらに下に付く取り立て業者たちを使って、差し押さえ物件を競売《けいばい》にかける。そして、それを自分の収入にすることができるのである。

執行官（アドミニストレイター）は、元々《もともと》、裁判所の事務員である事務官《かん》だった人たちだ。公務員であるのに、半《なか》ば独立している自営業者である。年収1億円みたいな執行官も

不換《ふかん》紙幣（fiat money《フィアットマネー》 金《きん》と交換しない）にして、政府がいくらでもお札を刷れることになった。これが現代国家の暴走を招いた。国民福祉と戦争（国防）を口実にして。その前は、全《まった》く違う。

エクスチェカー
exchequer
金貨の鋳造係

と

フィナンシア
financier

は違う。
合体させては
いけない

↓

今の中央銀行総裁《セントラル・バンカー》
になった

↓

今の財務大臣（財政家）
になった。
王の蔵（ファイナンス）
を管理する

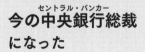

いるようだ。

この伝統が、当然、ヨーロッパ各国にある。宮廷官吏《かんり》（court《コート》 jester《ジェスター》）の一種である。たとえばイギリスの①**エクスチェカー exchequer** と呼ばれる、英国王が直接、任命する現金出納《すいとう》係に属する金融業者がいる。彼らが金貨《コイン》の鋳造《ちゅうぞう》係の役人たちである。日本の江戸時代で言えば幕府の御用達《ごようたし》の「金座《きんざ》」「銀座《ぎんざ》」の御用商人たちである。このエクスチェカーは、厳しく金貨を量《はか》るので、国王といえども勝手に命令できない。

このエクスチェカーと対立関係にあるのが、②**フィナンシア financier** である。こちらは、財務大臣とか財政家と呼ばれる高官である。フィナンシアは王のすぐそばにいて、王の蔵《くら》すなわちファイナンス finance を預かり、管理している。

このエクスチェカーとフィナンシアの両者は、ヨーロッパ各国の国家の財政《ざいせい》（ファイナンス finance）と民間人たちの金融制度（マネタリー・システム monetary system）の場面で、まったく異なる仕組み（order《オーダー》）である。この①エクスチェカー（現金出納係）と、②フィナンシア（財務大臣）の区別をいい加減にしてはいけない。

日本は大丈夫。
これだけ国家借金を抱えても
愛国官僚たちが守る。

出典　日本銀行

日本は意地でも、ゼロ金利政策と
金融緩和を続ける

● 中央銀行は、財務省の振り出す国債を引き受けてはいけない

だから野口コイン株式会社を正規代理店に任命している、ヨーロッパ各国の造幣局の上級職員たちは、①のエクスチェカーの系統に属する。この①エクスチェカーの親玉が現在の中央銀行の総裁（セントラル・バンカー）になったのだ。

これと②のフィナンシアはまったく違う。これが現在の財務大臣（ファイナンス・ミニスター）である。財務大臣は文字どおり、王の蔵（＝国家財政）がいつも火の車で、大赤字である事態を、なんとか切り盛り、やり繰りする係である。20万人の軍隊とか、1万人の宮廷貴族（court《コート》 jester《ジエスター》）や宮廷侍従《じじゅう》（今の上級職の国家公務員だ）たちを養《やしな》わなければいけないので大変だ。コート・ジェスターの中には、王様を常に笑わせる係の道化《どうけ》師《し》（クラウン、ピエロ）や名舞踏家や武道の達人たちもいる。

だから、②のフィナンシアは赤字国債を発行する。それを大量に発行する。この赤字国債の元々の姿は、王様の名前で発行された、羊皮紙《ようひし》に重厚に書かれた借金証書《デット・ノート》である。この王様が署名した借金証書を、当時は宮廷ユダヤ人（court《コート》 Jews《ジューズ》）である、大《だい》両替商（金融業者。のちの近代銀行家《モダーン・バンカー》）に、借金の証書として発行したのである。

これが、まさしく現在の国債（national bond　ナショナル・ボンド）だ。10年物《もの》の日本国債や米国債が代表的な銘柄である。これが本当は、一体いくら発行されているのか。どこでどれだけ引き受け《アクセプタンス》されているのか。真実が表に出ないのである。このことを私は本書のＰ114の「もうすぐ米国債の債券市場が崩れる。そして金融崩壊が起きる」のところで説明する。

①のエクスチェカーは、元々が貴《き》金属商人であるから、本来、絶対に②の財務大臣（ファイナンシア）が発行する国家借金証書を引き受けてはいけない。断じていけない。

金貨を中心に国家財政が営《いとな》まれた時代には、そんな紙キレの（本当に高級な羊皮紙《ようひし》でできていた）借金証書を、いくら国王が直々《じきじき》に振り出した借金証書で、「いついつまでに金利５％を付けて返済する」と明示《めいじ》しているからと言っても、絶対に買い取ったりしてはいけなかった。

ところが、なんと現在では、①と②がごちゃ混ぜになってしまって、①の中央銀行（エクスチェカー）が、果てしなく、②の財務省（ファイナンサー）の振り出す借金証書を買い取っている。やってはいけないことをやっている。日本の場合は、後述するが、その日銀の残高が670兆円になっている。アメリカの場合は、これが43兆ドル（6500兆円）になっている。だが本当は、これの10倍ぐらいの隠《かく》れ財政赤字（ヒドン・ファイナンシャル・デット）を抱えている。

だから私、副島隆彦が、「こんなことをやっているから、もうすぐアメリカを先頭にして、欧米先進国の高度金融資本主義の体制は崩壊する」と書き続けているのである。

●近代経済学（アメリカ計量経済学）の滅亡

P79にあるとおり、これまでに日銀は、670兆円の日本国債を日本財務省（ファイナンシャル・デパートメント）から買い取っている。「異次元《いじげん》の金融緩和」と称して、2013年4月から黒田東彦《くろだはるひこ》総裁が、現在まで大量の紙キレ借金証書を引き受けてきた。アメリカの財政赤字は（もうすぐ）35兆ドル（5000兆円）だ。

これは連邦政府（中央政府）の分だけの、表面に出ているだけの数字だ。本当はこの10倍の国家借金（国家財政赤字）をアメリカはすでに抱えている。これには健康保険と福祉と軍事（国防）と、民間の腐った住宅ローンなどの毎月8億ドル（1200億円）の買取

1930年に、この2人の大《だい》天才経済学者が、『貨幣論』で「政府は、いくらでもお金を刷れる」と気づいた。このとき経済学なるものの正体がバレた。

が含まれている。だからもうすぐアメリカの金融システムは崩壊するのだ。

この真実に、最初に気づいていたのが、経済学の大《だい》天才であるジョン・メイナード・ケインズ卿《きょう》（John Maynard Keynes　1883－1946）と、その若い友人である（16歳下の）オーストリア人の経済学者フリードリヒ・ハイエク（Friedrich August von Hayek　1899－1992）である。

この2人は、主に往復書簡の形でやりとりして、1945年までに、この人類の大きな真実に気づいてしまった。2人で会って話し込んだりもしている。

すなわち現在の政府は、財政難《なん》で困ってし

まったら、どこまででも無限に借金証書（国債）を発行することができるのだ、と気づいた。実はこの時に、現代（近代）経済学（モダーン・エコノミックス）は根本から壊れ始めたのである。この時から、もはや理論経済学（theoretical economics《セオレティカル・エコノミックス》）は、学問《サイエンス》として成り立たないことが判明し始めた。

ところがその後、戦後のアメリカ経済学で、皮肉《ひにく》きわまりないことに、ハーヴァード大学を中心に「ケインズ革命」や「ケインジアン（ケインズ学派）」と呼ばれる人々が輩出した。彼らは高級な、高等数学の式をたくさん使って、このあとアメリカ経済学なるものを隆盛させた。それを世界中に広めた。日本でも流行した。ところが、その始まりの根本のところで、ケインズ本人と若いハイエクは、「政府はお金をいくらでも刷れる」という、隠された大きな秘密に到達した。だから、この瞬間からもう近代経済学（アメリカ計《けい》量《りょう》経済学）は中心のところで滅んでいたのである。

まったくバカみたいな話だが（私が今ごろ、こういうことを書くこと自体がバカみたいだが）、こんな国家借金証書を政府（財務省）が無限に振り出して、それを中央銀行に引き受けさせて（買い取りさせて）、それで政府が成り立っている今の欧米先進国（G7。

日本と中国の米国債の保有額
2000〜2022年の推移（年末時点）

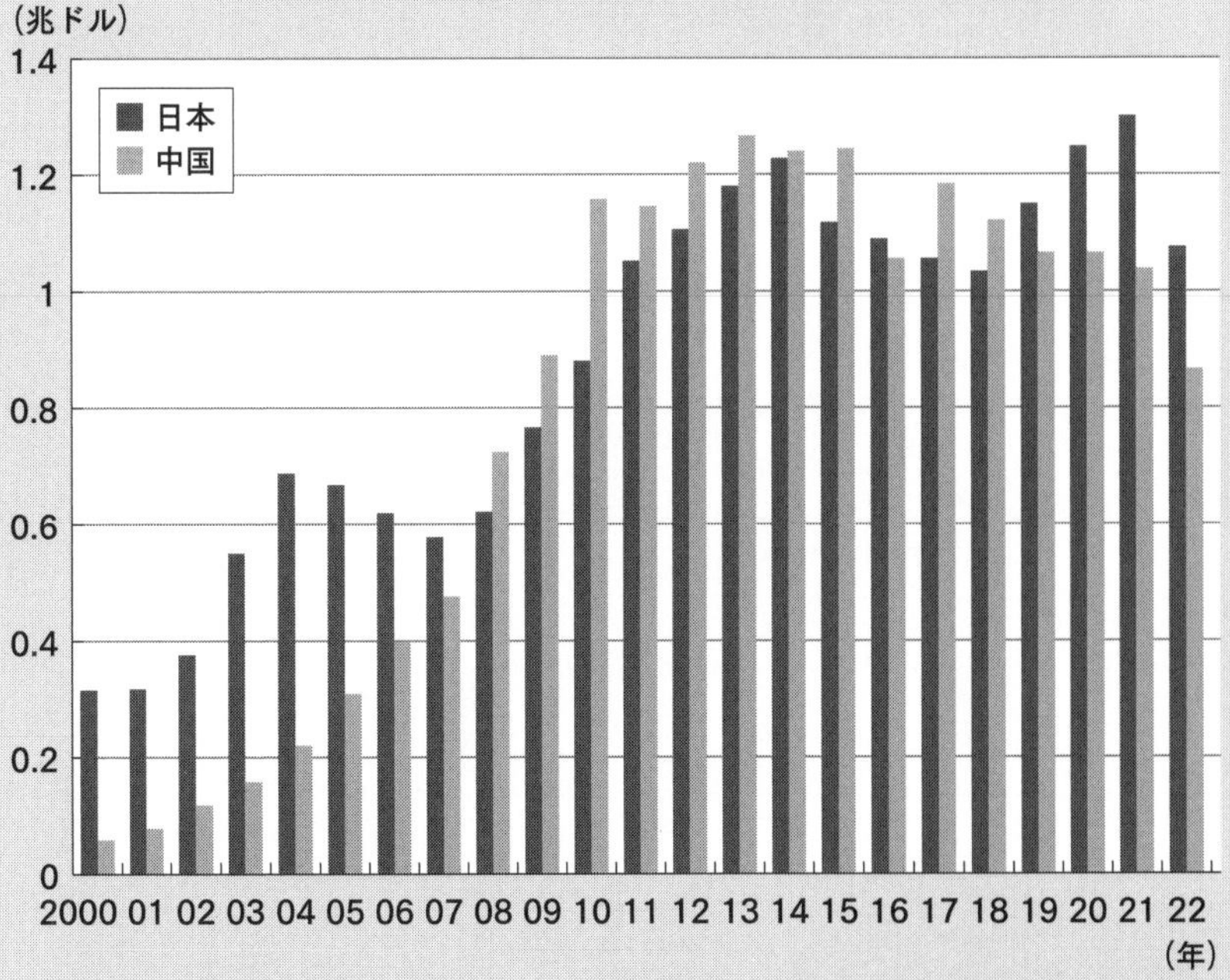

出典　米財務省

2023年6月末。公式には
日本　1兆1,060億ドル
中国　8,350億ドル

中国は日本よりもっと多額の米国債を持っている。だがどんどん減らし続けている。

日本の米国債保有額は、本当は裏側に、この15倍の16兆ドル（1,800兆円）ある

ある。

西側同盟《ザ・ウエスト》。ディープ・ステイト）が、いんちきの体制であることが満天下に知れ渡りつつある。

このように書く私に向かって「副島。政府（政治）を維持するには、こうやるしか他に、手がないじゃないか」と、必ず浴《あ》びせかけてくる。それはただの居直《いなお》りである。この者たちの知能の限界が、ここで露呈する。本人たちも本当はこのことを自覚している。哀れな連中である。こんなやつらが、国家官僚や高級金融専門家だと自称しているのである。彼らの内心は、かなり自信を失っているだろう。あるいは悪人《あくにん》になりきって「世の中は、いつもこんなものだ」と、いよいよ本気で居直るしかない。

●属国・日本は耐え続ける

アメリカ財務省は、アメリカ政府の制度機構として、自分のことを「トレジャリー・デパートメント　treasury department」と自称している。トレジャリーとは宝物《たからもの》、宝物《ほうもつ》という意味である。宝島《たからじま》がトレジャー・アイランドだ。

ここが発行する借金証書を、総称して国債（ナショナル・ボンド）と言うが、アメリカでは「T《ティー》ボンド」すなわち「トレジャリー・ボンド」（お宝債券）と呼んでいる（笑）。特に2年物以下の米国債をTビル（TB《ティービー》）、財務省証券と呼ぶ。

日本の財務省は、１９９９年までは大蔵《おおくら》省だった。だが、この「大蔵」というコトバが、よっぽどアメリカの癇《かん》に障《さわ》ったのか、嫌われて（古代からの中国風の律令《りつりよう》体制のコトバだから）この立派な言葉をアメリカに叩き潰されて、日本財務省になった。これの英語名はファイナンシャル・デパートメントである。世界各国もそうである。だから、ここが前述したフィナンシア（財務大臣、財政家）である。そして、①のエクスチェカー（現金出納係）である日銀総裁（セントラル・バンカー）と、互いにズルズルのお金のやりとりをしている。

そして今も日本の財務省と日銀が、アメリカにぶん殴られ続けながら、裏で陰で、こそこそとアメリカの50年物、１００年物の米国債を山ほど引き受けさせられている。その残高は、私の計算では16兆ドル（１８００兆円）になっている。哀れきわまりないものだ。帝国‐属国の関係とは、こういうものだ。今の駐米《べい》大使のラーム・エマニュエルが凶暴だから、ひとりでスタスタと（通訳だけ連れて）米大使館から歩いて来て（当然、遠まきに護衛《ごえい》はいる）、日本財務省に乗り込んで、局長から上の担当官を呼びつけて、「次はこれをやりなさい」と脅《おど》している。日本側が言うことを聞かないと、ラームは怒鳴り上げているそうだ。日本外務省でも同じことをする。最近、外務省で（本省《ほんしょう》）課長級のエリート日本官僚たちが数人、心臓発作で死ぬという不思議な事態が起きている。ラーム・エマニュエル大使に対する日本官僚たちの怒りは現在、沸点《ふってん》に達しつつある。

それでもアメリカの属国である日本は、耐えに耐え続ける。そして、アメリカ帝国の本国のお城が、ぼうぼうと燃えて、先に崩れるのをじっと我慢し続けている。私は、今のところはこれでいいと思う。どうせアメリカが先に崩れるのである。

どうも、みんな心配ばかりして、「日本は大丈夫ですか」と私に問いかける。日本が先にダメになるのではないかと、私に不安そうに質問してくる。優れた人々でもみんなその程度の知能だ。私は自《みずか》ら民間人国家戦略家（シビリアン・ナショナル・ストラテジスト）を名乗ってきた。だから私は、余裕を持って**「日本は大丈夫ですよ。あまり心配しなくていい。それより自分の目先の仕事をしっかりやりなさい」**と、いつも答える。

米国債10年物《もの》（長期金利）の名《めい》目《もく》利回り　直近5年

出典　FRB

FRBパウエル議長は、長期金利が他の金利商品を突き上げるのが恐い。

イギリスの高級紙FT（フィナンシャル・タイムズ紙）の中で、割と本当のことを書くジリアン・テット（Gillian Tett　56歳）女史。

彼女は、「米国債格下げ、政治不信映す」と題した記事で、8月1日に米国債の格付けが引き下げられて、米国債がもはや「リスク資産」になったと書いた。彼女は30代の頃、日本にいて、鋭い記事を書き始めた。

●米国債の利回りが上昇している。要注意だ

今、世界の金融、経済の動きについて、ＮＹ《ニューヨーク》のプロフェッショナル（プロウ pro- ）のアナリスト、ストラテジスト（金融予測者）たちが一番の焦点《しょうてん》（注目点）としているのは、米国債10年物の利回りが上昇していることである。

以下のとおり、日本経済新聞（２０２３年９月21日）の「今日の市況」欄で、日本時間午前５時（ＮＹでは夕方４時の市場の終わり時間）に、「米10年国債は、４・41％」だった。ジリジリと上がっている。これが危険なのだ。そして10月19日には、５・00％まで上昇した（Ｐ89のグラフ参照）。

ＮＹの金《きん》は、10月25日の終値《おわりね》で１オンス（31・１グラム）＝１９７１ドルだった。金もジワジワと再び上がって来た。

「日経新聞「今日の市況」から」

日本の長期国債利回り（％）　０・７２０　＋０・００５　９月20日　15：54

もうアメリカの金利上げは終わった

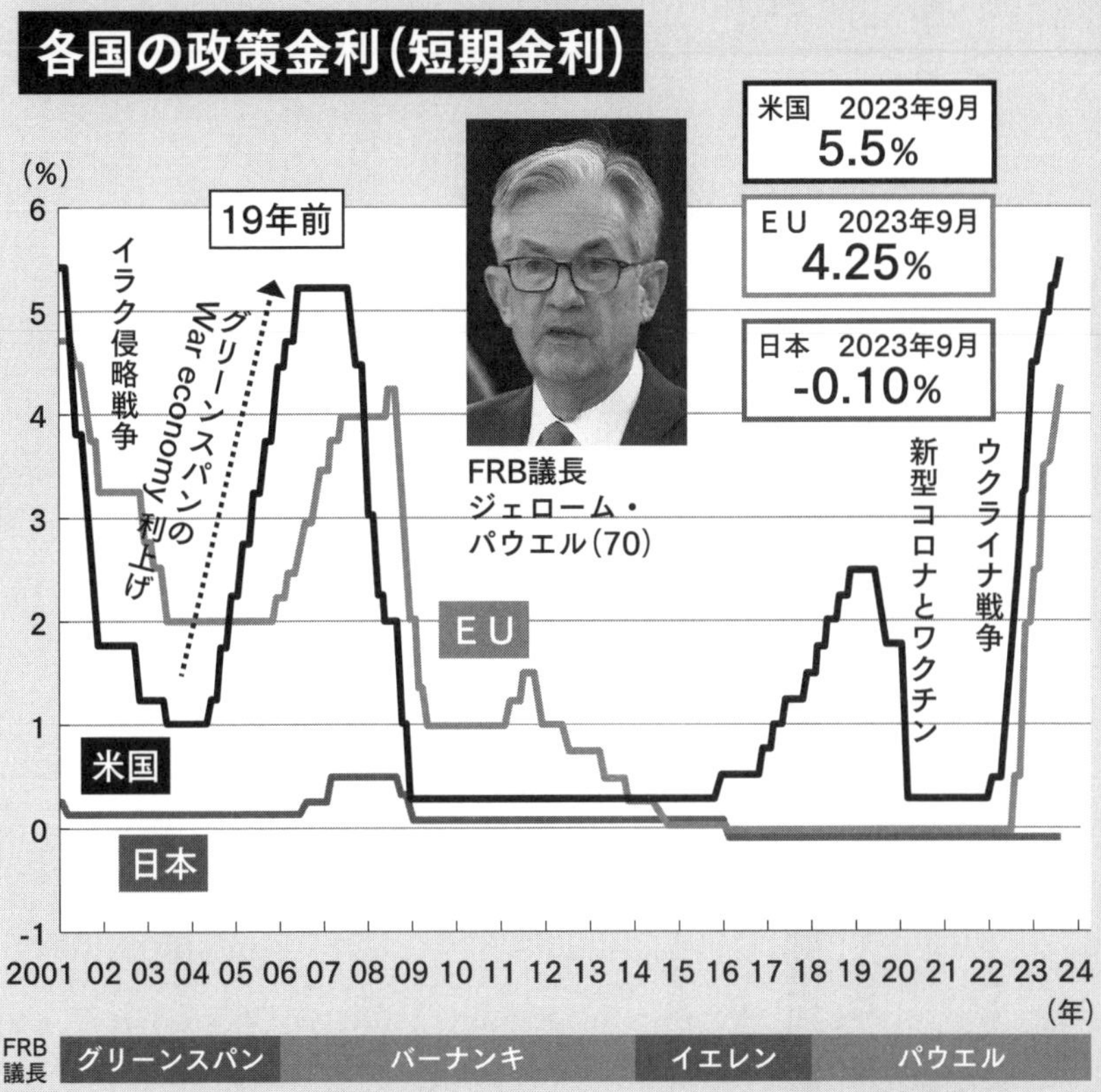

出典　各国中央銀行発表

アメリカのインフレ収束せず。これからは各種金利の上昇が恐い。インフレ(本当は土地、住宅価格のバクチ的高騰と金融バクチ)を抑え込みたいので、パウエルたちは「金利をもっと上げるゾ」のアナウンス効果(市場誘導)で脅している。

しかし彼らの本音は、すでに債券(米国債)の暴落(長期金利の高騰)に備えて、政策金利をいつ引き下げるか、である。

米10年国債（%）	4・412	+0・050	20日17:00
米30年国債（%）	4・449	+0・021	20日17:00
NY金（ドル／オンス）	1953・70	+0・30（0・01%）	19日16:00

この10年物の国債の利回り（=長期金利）から、現在の米インフレ率（物価上昇率）の、年率換算3・3%を引くと、1・1%である。これが、米の実質《じつしつ》利回《りまわ》り（real yield リアル・イールド）である。この数値が下がってくると、アメリカの金融市場は、大きな変調をきたす。後述する。

次に、9月に開かれた米FRBのFOMC《エフオウエムシー》（連邦公開市場委員会）の報道を載せる。

「FRB、金利据え置き　過半数が年内の追加利上げを想定」

米連邦準備理事会（FRB）は、9月20日に開いた米連邦公開市場委員会（FOMC）で、政策金利を2会合ぶりに据《す》え置いた。同時に公表した参加者による経済見通しでは、19人中12人が年内の追加利上げを予想。高インフレの沈静化について楽観視

世界各国の国債格付け（レイティング）

	国名	ムーディーズ	S&P	フィッチ
1	ドイツ	Aaa	AAA	AAA
1	ルクセンブルク	Aaa	AAA	AAA
1	オランダ	Aaa	AAA	AAA
1	オーストラリア	Aaa	AAA	AAA
1	スイス	Aaa	AAA	AAA
1	デンマーク	Aaa	AAA	AAA
1	スウェーデン	Aaa	AAA	AAA
1	ノルウェー	Aaa	AAA	AAA
1	シンガポール	Aaa	AAA	AAA
10	カナダ	Aaa	AAA	AA+
11	アメリカ	Aaa	AA+	AA+
11	ニュージーランド	Aaa	AA+	AA+
13	オーストリア	Aa1	AA+	AA+
13	フィンランド	Aa1	AA+	AA+
15	韓国	Aa2	AA	AA-
15	香港	Aa3	AA+	AA-
17	フランス	Aa2	AA	AA-
18	アイルランド	Aa3	AA	AA-
19	ベルギー	Aa3	AA	AA-
20	イギリス	Aa3	AA	AA-
21	チェコ	Aa3	AA-	AA-
22	エストニア	A1	AA-	A+
23	中国	A1	A+	A+
24	サウジアラビア	A1	A	A+
25	日本	A1	A+	A
26	スロベニア	A3	AA-	A
27	リトアニア	A2	A+	A
28	スロバキア	A2	A+	A
29	マルタ	A2	A-	A+
30	ラトビア	A3	A+	A-

出典　Let's GOLD　2023年10月現在

しない姿勢を明確にした。

(日本経済新聞　2023年9月21日)

この記事は、裏読《うら》みしなければいけない。

FRBは表面の強気、すなわち「景気はもっと過熱する。だからさらに利上げをする」とは逆で、もうそのような余裕はない。真実は、NYの金融市場で、もし少しでもおかしな動きが出たら、即座にFRB(ジェローム・パウエル議長たち)は、政策金利(短期金利)を引き下げ始める、ということを示している。

「まだまだ(政策)金利を上げるぞ、上げるぞ。アメリカは景気がいい」というのは、彼らの虚勢《きょせい》であって、アメリカ経済の実情は、そんな生易《なまやさ》しいものではない。

●格下げされた米国債

P89に写真を載せた、英FT《エフティ》(Financial《フィナンシャル》 Times《タイムズ》)で編集委員 兼《けん》 米国版編集長の肩書を持つジリアン・テット Gillian Tett 女史は、2000年に東京支局長(当時33歳)だった。

この時、日本での取材をもとに書いたのが、『セイビング・ザ・サン』（日本経済新聞出版、2004年刊）である。1998年10月に破綻した日本長期信用銀行（のちの新生《しんせい》銀行）を、〝ハゲタカ・ファンド〟のリップルウッドが買収して、新生銀行になるまでの内幕を描いた本だ。ジリアン・テットは、金融の記者にしては割と本音《ほんね》で本当のことを書く。

このジリアン・テットが、米国債の格付けが8月に引き下げられたことについて、次のように書いている。

「米国債格下げ、政治不信映す」

8月1日、大手格付《かくづ》け会社フィッチ・レーティングス（注。欧州が本部）が、2011年の米スタンダード・アンド・プアーズ（S&P、現S&Pグローバル）による同様の動きに続き、米国を最上位の誉《ほま》れある「トリプルA」の格付けから引き下げた。

これは大手格付け機関3社（引用者注。ムーディーズとS&Pとフィッチ）のうち

2社が、米国債を格下《かくさ》げしたことを意味する。米国債が国際金融にとって「無リスク」資産の指標とされてきたことなどお構いなしだ。

（FT　2023年8月4日）

記事にあるとおり、格付け（レイティング）会社のフィッチ Fitch が、この8月1日に米国債の格付けを引き下げた。最上級の「トリプルA（AAA）」から1段階下げて、「AAプラス（AA+）」にした。

もう一つの格付け会社であるS&Pは、すでに12年前の2011年に、米国債を「AAプラス」に引き下げていた。世界覇権国《ヘジエモニック・ステイト》であるアメリカの国債の格付け（国家の信用そのものを表わす）が最上位から転落するのは、歴史上初めてのことだった。P93に世界各国の国債の格付け一覧を載せた。この表から、日本国債の格付け（国家への信用）は、A1（エイ・ワン）、A+（エイ・プラス）で、かなり下位であることが分かる。

フィッチの発表によれば、今回、米国債を格下げした理由は、「今後3年間に予想されるアメリカの財政の悪化と拡大する政府の債務」への低《てい》評価である。

これに対して、お婆《ばあ》さんのジャネット・イエレン財務長官（２０１４年から２０１８年まではＦＲＢ議長だった）は、「この格下げは恣意的《しいてき》だ。しかも古いデータを基《もと》にしている」と猛反発した。老婆《ろうば》のヒステリーに耳を貸す者はいない。アメリカの国力は明らかに低下している。

エドワード・ハリソン
Edward Harrison

本人のX（旧Twitter）から

●「利回りの上昇」から「景気後退」を予測したアナリスト

ここから私は、アメリカの優れた金融評論家（アナリスト）の文章を土台にして、それに私、副島隆彦が注記で次々と加筆する。世界基準《ワールド・ヴァリューズ》での難《むずか》しい金融、経済の話を、なんとか易《やさ》しく、分かり易《やす》く、日本人に伝えるということを、私は実験的にやってみる。

私を含めて、日本の金融の専門家が、何か偉そうで難しそうなことを書いても、実は日本人（記事の読み手）はまったく信用しない。日本の金融専門家や経済学者たちに何の信用もない。それから、テレビ番組に出て、偉そうなことをしゃべっている連中にも信用がない。日本政府に好かれそうな、テレビ局に逆らわない者が出ているだけだ、と、もう皆が分かっている。

私が、ちょっと専門用語を使って金融、経済の話をすると、「あー、そうですか。なかなか難しいですね（私には、よく分かりません）」という反応しかしない。世の中、そういうものだ。

私、副島隆彦は、勿体《もったい》ぶった、偉そうな態度は一切しない。どこまでも分かりやすく、世界で通用している金融情報と知識を日本人に伝えたい。

以下に載せる文は、すべては金融、投資、経済に強い関心のある人たちの為《ため》だ。ブルームバーグに、エドワード・ハリソン Edward Harrison（P97の写真）という金融の専門家が寄稿した論文（記事）である。私はハリソンの英語の原文を読み、私と同じ考えだと

実質利回り（Real Yields《リアル・イールド》）が上昇して不景気突入（Recession《リセッション》）へ

（上のグラフに付いていた見出し）
“ Real Yields Are Only Back To the 2000s Level
We saw 4% in 1999 and 3% is the average since 1959 ”

（副島隆彦訳）
　実質金利（Real Yields リアル・イールド）は、Only（結局は）2000年代の水準（level）に戻ってしまっている。我々は（統計数値から）、1999年には、実質金利（Real Yields リアル・イールド）が4％あり、（アメリカの景気が絶好調だった）1959年以後は3％あったことが分かる（それが、もう2％も無い）。

出典　ブルームバーグ　2023年8月23日

直近4年間を拡大

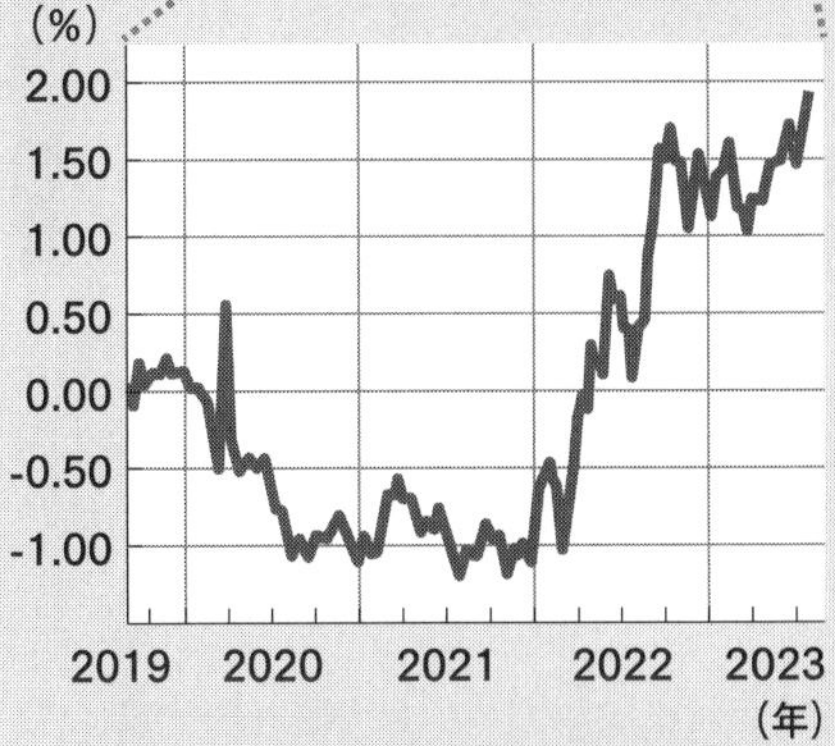

コロナのパンデミック（感染症の大流行）で、アメリカの産業は大きな打撃を受けた。米国債の実質金利は急上昇した。

分かって気に入った。ブルームバーグの日本語訳に私の注記を逐一《ちくいち》加えて載せる。引用文quote《クオート》の新しい形式を私がここで編《あ》み出した。記事中の見出しも、私が新たに付けた。

このエドワード・ハリソンは、コロンビア大学でMBA《エムビーエイ》を取得し、外交官や投資銀行家の経験もある。6カ国語を話すという。「クレジット・ライトダウンズ」Credit Writedowns という金融、経済のニューズ・レターを自分で発行している。

「誰も恐れていない（時に）リセッション（は来る）、米国債利回り急上昇で、年内到来も」（ブルームバーグ　2023年8月24日）

誰もがリセッション（景気後退）は訪れないと考え始めた矢先、長期の米国債利回りが、（急に）上昇を始めた。これは全ての資金の借り手にとって悪いニューズであり、先送りされていた信用サイクルの、痛みを伴う局面をもたらすだろう。

言い換えれば、市場が「来ない」ことに賭けている景気縮小（不景気）が始まる可能性が高くなっているということだ。

NY株　ウクライナ戦争は続く

(NYダウ　直近5年)

出典　Yahoo!ファイナンス

NY株価(ダウ平均株価)は、もう37,000台ドルになることはない。このあとは33,000ドル台でグズグズ一進一退を続けながら、大きくは下落してゆく。その引き鉄《がね》は、米国債崩れである。大恐慌は来る。

皆が、（最近は、何よりも）債券市場（の動き）に（関心を集中して）話しているというのは（これまでにないことで）奇妙だ。だが、利回り《イールド》が至る所で大きく上昇し、10年物《もの》米国債利回りが、16年ぶりの高水準（利回りが年率4・3％になったこと）を記録している（P89のグラフを参照）。今はそういう奇妙な世界だ。

その背景にあるのは、実質利回り（real yields リアル・イールド）の上昇、すなわち、インフレ調整後《ご》（名目の利回り。P89のグラフの数字からインフレ率を引いたあと）の利回りの上昇だ。インフレ期待《エクスペクテイション》（副島隆彦注記。もっと景気が良くなること）は上昇しておらず、現実のインフレ率自体も下がっている。問題は、実質利回り（real yields リアル・イールド）だ。実質利回りは（どんどん）上昇し、あらゆるものを巻き込んでいる。

（債券の）利回り《イールド》が上がると、問題になるのは、低《てい》金利時代（副島注記。米では10年前の2013年まで）に発行された債券資産の価格が下がることだ（副島注記。古米《こまい》のように、古い10年物米国債が満期を迎えて、償還《しょうかん》を迎える。その表面金利《フェイス・ヴァリュー》はものすごく低い。1％とかだ）。

米連邦準備制度（FRB　アメリカの中央銀行）が昨年、異例のスピードで金利を引き上げた（副島注記。去年2022年3月から、急激に政策金利を上げ始めた。米はウクライナ戦争に勝って、ロシアのプーチン体制を倒すことができると想定していた）。

この（急激な金利の上昇の）ために、米地方銀行のローン債権《デット》（副島注記。企業への貸付と住宅ローンを含む）や、保有する米国債の価値（副島注記。古い、中古の国債であるために、劣化して、目減りしていて、実質で大きな評価損を出していた。ところが銀行の帳簿上だけは、立派な金額になっていた。しかし、その資金は、長年、寝かしていた間に、すでに腐《くさ》っていた。これらを投げ売り《ファイア・セール》すると地方銀行たちは大損を出す。現に出した）は、大きく下落し、相次いで経営が悪化した（副島注記。それが、今年の3月からの、シリコンバレー・バンクを筆頭とする、全米の有力な地方銀行《リージョナル・バンク》たちの連鎖《れんさ》破綻だった）。長期債の利回りが2022年10月に付けた高水準（年率4・3％）を突破した今、地銀《ちぎん》にとってはさらなる痛手となる。

●リスク資産（株式）の暴落が起きるだろう

現在、長期（米国）債の保有者（投資家と米地方銀行たち）が感じている痛みは、数カ月後には、地銀やクレジット市場（各種の金融市場）、そしてその他の経済（実体）全体にまで波及することになり、（アメリカの経済）成長の足かせとなるだろう。

一方で（2023年の）年初から7月半ばまででハイテク株が40％余り上昇した。これらのリスク資産（まさしく株式のこと）の値上がり（があった。こ）の動きに乗り遅れた投資家たちは（自分は儲けられなかった、と焦《あせ》って）、最悪のタイミングで（今頃になってGAFAなどの値嵩《ねがさ》のハイテク株買いという最悪の）後追《あと》いをしている。

リスク資産（株式のこと）の価格は、（すでに）高過ぎると（私には）見える。1990年代後半（に起きた。日本ではビットバレーと呼ばれた、孫正義《そんまさよし》のソフトバンクの前身であるヤフーの株式の超高騰《ちょう》。200倍になった）のドットコム・バブルの末期（2000年の1月に弾《はじ》けて、大暴落した。日本ではIT《アイティ》バブルと呼ばれた）と同じように、（今度も、もうすぐ）景気循環《けいきじゅんかん》（副島注記。大きな周期での景気の波《なみ》。その下落方向）が、リスク資産に追い付くと見込まれる（株の暴落が起きるだろう）。

新型コロナウイルスのパンデミック（2020年4月からの感染症の世界的大流行）を経《へ》た、米経済の本格的再開（好景気の復活。2022年9月からの）そしてインフレ急上昇、米連邦準備制度の対応（FRBの利上げ）について解説しよう。

コロナのワクチン接種（が始まったこと）により、米経済が復活再開した（2022年9月）とき、米国の多くの家計は、比較的潤沢《じゅんたく》な資金を持っていた（副島注記。家計も企業もコロナ給付金を貰《もら》って、ジャブジャブ・マネーになった）。しかし、（コロナ騒ぎで）サプライチェーンは寸断され、パンデミックによって旅行業など多くの産業が、大きな打撃を受けた。

つまり、需要《デマンド》（人々は余ったおカネの使い途《みち》を求める）が、供給《サプライ》を上回り（副島注記。人々が欲しがる商品やサーヴィスの不足が起きて）、超高《ちょうこう》（ハイパー）インフレに見舞われたのだ。初めのインフレは一時的なものだった。だが、われわれアメリカ国民が経験したインフレの波は、すぐに持続的かつ広範囲に及ぶようになり（副島注記。米では昼間のランチでも40ドル＝6000円するようになった）、金融当局（FRB）は、アメリカの（過熱した）景気を減速させるために、金利（短期金利）を引き上げざるを得なくなった（副島注記。それが今、5・5％まで来た）。

問題は、この金利政策が（アメリカ経済にとって）「鈍器《どんき》」だということだ（副島注記。即効性がなく徐々にしか効果を生まない）。FRBの金利（上げ）政策は、主《おも》にクレジット（与信《よしん》。資金を世の中に余裕をもって出すこと）へのアクセスが抑制されたことによって、経済の減速をもたらした（副島注記。すなわち、金利が高くなると、資金の借り手が減る。安価な資金が手に入らなくなって、さらなる投資に向かわないために起きた）。

金利が上昇すると、銀行は信用に値《あたい》する顧客《こきゃく》（副島注記。すなわち、銀行から見て資金を貸したいと思う企業）が減って、潜在的な借り手（副島注記。銀行融資を受けて、ビジネスを始めようとする者たち）は金利が高過ぎるために、（今、抱《かか》えている以上の）借金を増やすことを敬遠する。

しかし、それが行き過ぎると、（企業や投資家＝博奕打《ばくち》ちたちは）資金調達ができないために優良企業が事業を縮小したり、倒産したり、あるいは事業の縮小や廃業によって、人々（従業員たち）が職を失うなど、多くの巻き添え被害が生じる。

●日本はインフレではない

このプロセスはすでに（アメリカ社会で）始まっている。一部の専門家たちが理解していないのは、金利上昇が経済に（抑制的に）波及する経路は、これだけではないということだ。

金利が上がるということは、銀行やその他の金融機関、債券投資家（博奕打ち）、あるいは金融機関や金融市場にとって、重要な資金の源《みなもと》である一般の貯蓄者（預金者）など、貸し手の資金が膨《ふく》らむ（副島注記。すなわち、金利が上がることで預金者の資金が増える）ことを意味する。

【ここから副島隆彦の解説】　ただし、日本はアメリカと違ってインフレではない。円安によって輸入資材と食料品の値上がりが起きているだけだ。日本は、日銀が「ゼロ金利政策を続ける」と、断固たる決意を示しているから、銀行預金・郵便貯金の金利は、ゼロのままだ。この政策は元々アメリカに押し付けられたものだ。１９９９年から、もう24年間も続けている。

だから、このことに怒っている日本の日銀と財務省（大蔵省）は、このアメリカからの圧力、命令を逆手に取って、居直った。「今さら金利を上げろ、などと言われたくない」という態度に出た。だから、日銀黒田、植田と続けて「ゼロ金利と金融緩和を止《や》めない。いざという時は、日本政府が資金を供給して、地方銀行でも大企業でも救済する」という政策を、強い決断で続けている。すなわちアメリカとイギリスに逆らっている。

この英米への反抗こそは、日本政府の優れた決断だ。「お前たちが、日本にゼロ金利を24年間も強制したくせに。今ごろになって、急に『金利を上げろ』だと。ふざけるな。そんなことをしたら、今、発行して抱えている日本国債の利払いができなくなる」ということで「ゼロ金利の継続」を決断した。長期金利（10年物国債の利回り）は、0・5%が限度だ。これなら、なんとか払える。それを、日銀総裁が黒田東彦《くろだはるひこ》から植田和男《うえだかずお》に替わって、「1・0%までなら上げてもいい」とした。植田総裁は10月30日に、この「1%までOK」を実施しそうだ。

前の黒田東彦（前日銀総裁）が2013年に始めた金融政策である「異次元緩和」の決断は、「日本は、焦土作戦《しょうどさくせん》（scorched earth policy《スコーチド　アース　ポリシー》）で、自分の国を焼け野が原にしてでも、敵（アメリカ）に資源を与えない。だから国民に我慢に我慢をさせてゼロ金利を続ける」ということだ。痩《や》せ我慢戦略だ。

そして来年（2024年）、いよいよアメリカの金融市場がおかしくなって、米国債が暴落を始めて（今の10年物の利回りが、6%から8%になる）、ドルが暴落して、それがNY発の世界大恐慌になるだろう。このことを、日本の日銀と財務省は、口には絶対、出さないが、その時のために、日本国内の金融を厳しく管理している。

銀行・郵便貯金の金利がほとんどゼロで、日本の金持ち層には大変な苦難と苦労をかけてきた。それは我慢してください、ということだ。それが、日本が現在、採用している焦土作戦だ。日本側はドル覇権の崩壊、アメリカ帝国の崩壊を、じっと待っている、という

ことだ。これを見抜いたのが、私、〝天才（バカボン）〟の眼力だ。**【ここまでで副島隆彦の解説おわり】**

●アメリカ人のバブル不動産投資は止まらない

【エド・ハリソンの文に戻る】 つまり、（ＦＲＢによる）金利上昇は、景気刺激策でもあるということだ（預金者の受け取り金利があがるので）。（だが）金利上昇の純《じゅん》効果が、景気抑制になる（副島注記。博奕《ばくち》打ちたちにこれ以上余計な安い資金を渡さない。バブル経済をやめさせる）ためには、信用力の枯渇《こかつ》（副島注記。もうこれ以上、銀行が危険な客には貸さないということ）が、金利上昇による（預金者たちの）収入（増）よりも、大きな（社会への）影響を与える必要がある。

しかし、これまでのところ、それは見られない。

【ここから副島隆彦の解説】 ＦＲＢが、いくらこれ以上、政策金利（ＦＦレート。１年

住宅ローンが連動する米国債30年物の金利は、上がり続けている

出典　Investing.com

「米住宅ローン金利、21年ぶり高水準　長期債利回り上昇で」

米連邦住宅貸付抵当公社（フレディマック）が8月17日に発表した、10～16日の30年固定の住宅ローン金利は平均で7.09％となった。2002年以来、約21年ぶりの高水準だ。

米債券市場では、30年債利回りが一時前日比0.066％高い4.426％に上昇（債券価格は下落）し、2011年6月以来、約12年ぶりの高水準を付けた。

（日本経済新聞　2023年8月18日）

以下の短期金利）を上げても、それでも、博奕《ギャンブル》が死ぬほど好きな①ニューヨークの金融ユダヤ人や、バブル不動産投資を止《や》めないで、もう5棟も10棟も、住宅を、住宅ローンで買っている欲ボケの中産階級の②白人の上級サラリーマン層がまだまだたくさんいる。今のアメリカ人の成金《なりきん》層は、こういう住宅ローンの多重借り入れをやっている。またそれが、許されている。日本では住宅ローンはひとり1回ずつしか、サラリーマン層は借りられない。

このアメリカの欲ボケたちは、自分がこれまでに買った、そして値上がりした家たちを、さらに担保《たんぽ》＝抵当《ていとう》権に差し出して、さらに銀行から住宅ローンを借りる。こういう危険な資金の借り方をする。「この家は、子どもの分。こっちは姪《めい》の分。これは叔父《おじ》さん夫婦用」と、いくつもの家を住宅ローンで買っている。

これで、自分の資産が1000万ドル、2000万ドル（10億円、20億円）になった。すなわち「住宅（不動産）バブル博奕」だ。こういうことをしているアメリカの中産階級の上層の者たち（アッパーミドルクラス）が、アメリカには数百万人いる。彼らのことを、FRBのパウエルたちは、ものすごく嫌いなのだ。彼らに金融博奕《きんゆうばくち》（ギャンブル）を止《や》めさせるために、そのためにFRBは必死で金利を上げているのである。**【ここまで**

【副島隆彦の解説おわり】

【エド・ハリソンの文に戻る】　誰もが驚いたことだが、今年2023年になっても、米国の消費が極めて強靱《きょうじん》で、信用不安も発生しなかった。その結果、（FRBによる景気引き締め。QT《キューティ》政策による）金利上昇という止血帯《しけつたい》が、信用を圧迫している（余分な資金を市中《しちゅう》〔世の中〕に溢《あふ》れさせない）。それにもかかわらず、米経済は（表面上は）力強さを増しているように見える。

人々（アメリカ人）は、（楽観的に）リセッション（景気後退《こうたい》。本当は「不景気突入」と訳すべき）は今後もないと予測し、投資家（博奕打ちたち）も、最もリスクの高い資産（副島注記。例えば、ハイリスク・ハイイールド債券）に投資している。

だがここ数週間で、リセッション（不景気突入）の先触れである、逆《ぎゃく》イールドが縮小し始めた。利回り曲線はまだ反転している（ままだ）が、長期金利が急速に上昇している。

【ここから副島隆彦の解説】　「逆イールド」というのは、長期と短期の金利が逆転することだ。市場で不吉《ふきつ》なことが起きる前兆《ぜんちょう》と昔から考えられている。10年物の米国債よりも、長期の30年物は、買った人にとって長期に資金が寝込むので、ケインズの流動性選《りゅうどうせいせん》好利子説《こうりしせつ》によって、30年物（長期金利）のほうが金利（利回り）が高くなければいけない。

ところが、それがひっくり返ってしまって、短期の2年物のほうが、5年物よりも金利が高いという現象が起きていた。この3年間ぐらい、この逆イールドが騒がれた。金融業界では、過去の経験から、「逆イールドは金融恐慌への突入の合図で、不穏な予兆」と言われている。今もそうだ。

ところが、この7月から逆イールドが解消されて、長期金利が健全に上がりだしている。これをとらえて、「ほら、アメリカ経済は強い。好景気はこのまま続く」と、楽観論が台頭した。

しかし、副島隆彦の予測、予言では、2024年に入ったら、雲行きが怪しくなって、アメリカの金融市場は急激におかしくなるだろう。**【ここまで副島隆彦の解説おわり】**

●不況入りの条件が整った

【エド・ハリソンの文に戻る】　しかし、これ（現状での債券市場の逆イールド解消の動き）は決して良い状態ではない。

年初には、（多くの金融の専門家たちは）2023年に入ると景気が緩《ゆる》やかに減速し、株式は下落相場になると想定していた。ところが、（副島注記。それが起きなかったことで、このまま景気が過熱したままだと）われわれ（のアメリカ経済）は、（これから起きるであろう）はるかにひどいハードランディングと、もっと深刻な景気減速（不況入り）の条件を整えてしまった。（なぜなら）超過《ちょうか》リターン（これまでの儲《もう》け過ぎのこと）が平均へと回帰するからだ。

（私、エドワード・ハリソンは、）1800年代までさかのぼり、あらゆる市場価格と経済データを測定したスプレッド（利差《りさ》）シートの、この20年間分を保管している。

このデータが示す一貫したパターンは、「好況時には市場のリターン（儲《もう》け率）が高まり、不況時には下がる」というものだ。さらに重要なことは、「（景気の）上昇局面が顕著《けんちょ》であればあるほど、下落局面も激しい」ということだ。

例えば、S&P500種《しゅ》株価指数（インデックス）や、ダウ工業株30種平均のような株式バスケット（副島注記。これらのインデックス商品を買った）を保有する投資家のリターンを見てみよう。

すると、インフレ後は、約200%のリターン（10年間で）の後に、平均に回帰している。5年または10年のインフレ調整後のリターンがその水準に達すると、一般的には頭打ちになり、その後は大きく下落する。

ダウ工業株30種平均を見ると、1928年から1929年、1959年の短期間、1997年から2000年、そして2019年のごく短期間に、10年間の実質リターンは200%を上回った。いずれの場合も実質リターンはその後に大きく低下した。

最初のケース（200%の超過リターン）は、世界大恐慌（1929年10月のNY株の大暴落で）が止めた。2回目は1960年代にゆっくりと、そして1970年代には急速に悪化した。ドットコム・バブル（日本ではIT《アイティ》バブル）は2000年1月に崩壊した。

そして現在、ダウ（NYの株価）の実質リターンは、2019年に始まった下落トレンドの真っただ中にある。

1950年からのデータしかない（私は、持っていない）が、S&P500種（のデータ）も、これと同じパターンだ。その意味で、リスク資産（投資の危険が大きい株式買いのこと）の超過リターンは〝逆張り指標〟と見ることもできる（副島注記。そうだ、今こそ先物《フユーチヤー》の売り《シヨート》を立てて＝プット・オプションを買う＝暴落が始まるのを待とう、とする動き。すでにヘッジファンドの大手たちがこの手法を始めている）。

数値が極端であればあるほど、平均への回帰は近い。そしてもちろん、こうした回帰は、（急激な市場の変化で）人々が悲観的になるにつれて、下方にオーヴァーシュートする傾向がある（副島注記。オーヴァーシュート overshoot とは、パニックに陥《おちい》った一般投資家たちが、恐怖に駆られて、自分の保有株の投げ売りを始めて、さらに株価が下落すること。これが金融恐慌につながる）。

●なぜ実質金利（リアル・イールド）が重要なのか

今回の（景気循環《じゅんかん》の考えに基づく、信用供与の）サイクルにおいて、最も重要なのは、実質金利《リアル・イールド》だと（私は）思う。昨年までの10年半にわたって見られた（2013年からのアメリカの）ゼロ金利環境は、実質リターンを抑制すること（副島注記。FRBが、ゼロ金利で資金需要を引き締めて、バブル経済をやめさせたこと）で、あらゆるリスク資産（が暴走しないようにしたことで、市場の安定）を助けた。

しかし、この（アメリカのゼロ金利政策は）マクロ的な異常事態であり、（副島注記。大きな見方の国民経済全体からは、ゼロ金利は、やるべきでなかった。金利は3％ぐらい付いていることが健全だ。なぜなら）その結果、人々はより良いリターンを得ようとして、リスク資産に逃避した。株式のほうへ資金を回した。

例えば、（10年前の）2013年5月に10年物《もの》米国債を購入し（た人は）、今年初めに満期を迎える。（ところが、その）インフレ調整後のリターンは、マイナス（実質で損）になる（副島注記。こんなもの、買うんじゃなかった、となる）。同様に、今年5月の10年債利回りは、（名目《めいもく》利回りは）3・57％だったから、個人消費支出（PCE《ピーシーイー》）コアのインフレ率は4・62％だった。このことを考慮すると、実質利回りは（その差の）マイナス（副島注記。英語ではネガティブと言う）1・05％となる。

今はそれが一変した。コアPCEのインフレ率が4・10％であるため、10年債利回り4・30％は、わずかではあるが、（その差は）ようやく実質プラス（0・8％）に転じている。

ニューヨーク連銀総裁だったビル・ダドリー氏は、「インフレ率が例えば2・5％まで低下すれば、名目《めいもく》利回り4・5％の実質リターンは2％になる」と計算する。だが、この2％はマイナス（実質、損）や、現在のわずか0・2％よりはずっと良いが、しかし、リスク資産（株式投資のこと）にとってはマイナス面が多い（少しも儲《もう》けと言えない）。

一つは、実質的な借り入れコストが上昇することだ。これに対処できない借り手は、デフォルト（債務不履行《さいむふりこう》。取引の停止処分にされる）する。低《てい》スプレッド（副島注記。安く資金が借りられること）と、デフォルトの少ない時代が終わろうとしているのは、そのためだ。

【ここから副島隆彦の解説】　アメリカの欲ボケ投資家たちの2大博奕（ギャンブル）は、前述したが危険な株を買うことと、住宅投資だ。

高級一戸建てで、300万ドル（4億円）の物件が、400万ドル（5億円）、600万ドル（8億円）になった、と、今も投資家たちは騒いでいる。この話が、日本にはまったく伝わらない。私以外はこのことを誰も書かない。

FRBのパウエルたちは、このことをニガニガしく思い、イヤなのだ。だから政策金利を上げて、過熱した博奕《ばくち》経済を冷《ひ》やそうとしている。これを表面では上品に「インフレ対策だ」と言っている。この強欲《ごうよく》人間の、博奕《ばくち》好きたちの資金需要が、低金利のために、いつまでも続いているからだ。これをやめさせないといけない。しかし強欲人間たちはバクチをやめない。だから行くところまで行く。故《ゆえ》にアメリカの金融恐慌、経済破綻は、もうすぐ起きる。**【ここまでで副島隆彦の解説おわり】**

エヌビディアとテスラの株価
(2014年からの10年間)

出典　NASDAQ

●住宅ローン金利は、日米でこれほど違う

【エド・ハリソンの文に戻る】 実質金利が、意味のあるほどに（副島注記。例えば3％とか）プラスになる、ということは、今のFRBの金融政策が、景気抑制のためになる、ということだ。

そして長期金利上昇という、本来なら信用（副島注記。資金が世の中に流れること。しかし、過剰になったらいけない）を阻害《そがい》する力が、これから働くことになる。それは（過剰な）住宅所有者にとっても、企業の借り手にとっても同じことだ。例えば、（アメリカの）住宅ローン金利は、2002年以来初めて7％を超えた。

【ここから副島注記】 日本の住宅ローン金利は、日銀のゼロ金利政策のために、25年物の固定で、今も1％台だ。高くても2％台だ。歴史的には、これは、ものすごいことだ。本来なら、有りえないことだ。**【ここまで副島注記おわり】**

【エド・ハリソンの文に戻る】 しかし、現在の（FRBの）マイルドな景気抑制政策

は、過去60年間の平均的政策ですらないことを（私たちは）忘れてはならない。10年物国債の実質利回りと、実現《じつげん》利回りを（私が）分析したところ、1959年以降の平均利回りは、ダドリー氏が保守的に見積もっている2％よりも3％のほうに近いことが（私は）分かった。実質利回り3％に、当局（FRB）が目標《ターゲット》としている「インフレ率2％」を加えると、10年債の名目《めいもく》利回りは5％になる。ということは、（米の）住宅ローン金利は8％に近づくだろう（副島注記。こんなに金利が高くなると住宅ローンが借りにくくなる）。

●株価だけが異常に高い2社

（1株当たりの）株価収益率（PER《ピーイーアール》。パー。20倍ぐらいが正常）が、ドットコム時代（2000年1月よりも前の好景気）に近づけば近づくほど、より急激な巻き戻しのリスクが高まる（副島注記。現状のこんなに、異常に高いPER60倍とかは、どうせ低下してゆく）。

人工知能（AI）の寵児《ちょうじ》であるエヌビディア（NVIDIA）や、電気自動車（EV《イーヴィ》）のリーダーであるテスラ・モーターのような「未来の企業」を見てみると、（この2社の）PERは、まさにドットコム（バブル）的だ。

エヌビディアの株価評価は、前年の利益の225倍以上で、将来利益の57倍以上。テスラはともに65倍以上で取引されている。1999年のドットコム・バブル頂点《ピーク》の時のマイクロソフトと同様だ（副島注記。だからこれらの株は暴落する。P121のグラフ参照）。

【ここから副島隆彦の解説】 エヌビディアという急成長した会社は、本当は台湾の会社で、GPU《ジーピーユー》（画像処理半導体）という半導体の特許群で一気に大企業になった。画像処理や動画配信とかの技術の特許をたくさん持っている。第5章で詳しく説明する。**【ここまでで副島隆彦の解説おわり】**

【エド・ハリソンの文に戻る】 これらの企業の規模を考えれば（副島注記。企業としては、そんなに巨大ではないのに、株価だけが異常に高い。エヌビディアは、株式時価発行額が1兆ドル［140兆円］になった。トヨタの40兆円の3・5倍だ）、この倍率を正当化するものは何もない。実質金利と名目金利が上昇し、信用サイクルが変わりつつある今の世界で、あまりにも高い期待に基づく（異常な）株価になっている（副島注記。だから、もうすぐ下落する。その時は大暴落となる）。

●リセッション（不景気突入）は、いつ来るか

あらゆるサイクル（波の動き）がそうであるように、今回（の景気循環）も信用サイクルの変化とともに変わっていく。地銀と商業用不動産に注目しよう。住宅ローン金利の上昇は家計のピンチにつながるから、注意が必要だ（副島注記。住宅ローンの支払い額が大きくなると、返済ができなくなる人たちが出てくる）。このように考えると将来の収益と成長に対する楽観的な予測は、打ち消されるだろう。完璧を想定した価格設定が、不完全な現実にぶつかるのはその時だ。

それはいつだろうか。ドットコム・バブルが崩壊したあとの、2000年中《ちゅう》の実質金利は4％だった。現在（1・98％）との差がまだ大きいことを考えると、（今度の株式下落は）しばらく先になるかもしれない。

筆者（エドワード・ハリソン）が予測するならば、（アメリカの）リセッション（不景気突入）は、われわれが考えているよりも近く、恐らく2023年後半になると思う。ということは、米国株のピークは、恐らく（すでに付けた今年）7月（が最高値）だったということになる。

【副島注記】 NYダウ平均株価が8月1日に付けた、3万5630ドルのことを指している。エドワード・ハリソンは、アメリカの株価は、この3万6000ドルよりも高くなることはない、と予測している。私、副島隆彦も同感だ。

以上、長い文だったが、私が注記と解説文を加えたことで、少しは読みやすくなっただろう。これが本場のニューヨークの金融アナリストの優れた文章である。

このエドワード・ハリソン論文（記事）の見出し（表題）の英文と、P99に掲げた重要なグラフの中の表題（見出し）の英文を、左ページに載せる。その副島隆彦による日本語訳を書いておく。じっくり読んでほしい。これでようやく皆さんも、アメリカで今、何が起きているか、が分かったでしょう。

この論文(記事)全体の表題

“ Rising Yields on Averted Recession May Just Cause One ”

(その日本語訳)

実質金利(Real Yields リアル・イールド)の上昇から目を逸《そ》らして(背《そむ》けて)いると、そのことが、まさしく Recession(リセッション。不況への突入)を引き起こすだろう(cause one = it)。

次に、この論文(記事)の中の、重要なグラフの見出し

“ Real Yields Are Only Back To the 2000s Level
We saw 4% in 1999 and 3% is the average since 1959 ”

(その日本語訳)

今の実質金利(Real Yields リアル・イールド)は、Only(結局は)2000年代の(10年間の)水準(Lebel)に戻ってしまっている。

我々は、(統計数値から)1999年には、実質金利(Real Yields リアル・イールド)が4%有り、(アメリカの景気が絶好調だった)1959年以後は3%有ったことが分かる(それが、今ではもう2%も無い)。

4章

お金も腐る

● 中古品が投げ売りになって、モノが腐る

私が打ち立てた、「お金《かね》も腐《くさ》るのだ」理論をこれから説明する。
こう書くと、「え？　お金が腐るって、どういうことですか」と、ポカーンとする人がいるだろう。まず、一般商品で考えよう。

一般商品とは、たとえばトヨタのアルファードとかの車や、30万円の冷蔵庫などの家電製品や、1個で400万円する高級ブランドバッグなどのことだ。

これらの商品を、同業者や個人から中古品の買取業者が、仕入れる（買い取る）場合がある。普通なら卸値《おろしね》で1億円する新品同様の電気自動車（EV《イーヴィ》）100台を8000万円で手に入れたとしよう。売るほうの社長は、自分が抱えている売れ残り品の在庫の山が死ぬほどイヤだから、8000万円で投げ売りしたのである。

ところが、この8000万円の電気自動車（EV）は、中古品だから、買い取った業者は正規ルートで売れない。再販《さいはん》売ができない。だから、この業者は、転売する当てが外《はず》れて量販店か中古品ディーラー（ビッグモーターのような）や、別の買取業者（ガリバーと

か）に、仕方なく6000万円で処分することにした。

それでも売れない。となると、あとはもう投げ売りするしかなくなる。すると、4000万円でインドの商人が買ってくれた。8000万円で手に入れた車が4000万円だ。大損である。このインド商人が4000万円で買った日本製のEV100台は、「新品同様」でアジア諸国に安値で流れてゆく。コンテナ代《フレイト》の輸送費用が別途にかかる。

1億円のモノが、4000万円になった。商品はどうも実質腐《くさ》っている。P136で後述するが、これと同じことが今、銀行業界で起きている。お金《かね》も腐《くさ》るのである。日本の地銀《ちぎん》たちが、預金で集めた資本の使い途《みち》（融資先、投資先）が見つからなくて、日銀に〝ブタ積《づ》み〟と言って、預《あず》けっぱなしにしている日本国債（中古債《さい》）が、いつの間にかどんどん減価（目減り）して腐ってしまっているのだ。

ところが一般商品と中古の国債などと比べて、金《きん》は別格の存在である。実物資産《じつぶつしさん》の王者である。第1章で前述したように、金は減価《げんか》（目減り）しない。インフレ（物価高。金《かね》余り）でも、値段はどんどん上がる。米ドルが暴落してもかまわない。金そのものが価値であり、それ自体が世界値段になっている。

●銀行が買った日本国債を日銀の口座に寝かせておくと……

日本の民間銀行は、日銀の当座《とうざ》預金の口座に資金を預《あず》けている。「準備《じゅんび》預金《よきん》制度」と言う。これは民間銀行に義務づけられている。集めた資金の一部を、決められた比率（法定《ほうてい》準備率と言う）で日銀に預けなければいけない。日銀（中央銀行《セントラル・バンク》）は「銀行の銀行」である。

その代わりに、日銀は法定準備率を超えた分（超過準備《ちょうかじゅんび》と言う）には、「付利《ふり》」と言って、0・2%の利息《りそく》（金利）が付く。預けた分の0・2%分を日銀からもらえる。銀行にとっては、日銀の当座預金口座に預けた資金は、自分たちの資産である。本当は、企業とかにどんどん融資したい。ところが、健全な貸出先（借り手）がない。銀行は貸したいのだが、貸す（融資する）のが危険な企業ばっかりが残っていて危なくて、とても貸せない。それが今の日本の銀行業界の現実だ。

もう一つは、民間銀行が「中古の日本国債」（既発債《きはつさい》）を買って、それをそのまま日銀の口座に預けている。このブタ積《づ》みと呼ばれる、中古の日本国債を、倉庫（日銀の口座）

にずっと寝かせておく（寝込む）と、その実質価格（帳簿上の価格ではない）が値崩れする。古い日本国債の買い置きという民間銀行の資産＝お金《かね》が、腐《くさ》るのである。お金も生物（なまもの）なのだ。

収穫したばかりのお米《こめ》（新米《しんまい》）が、市場に出しても売れなくて、倉庫に置いたままに等しい。これを財務省と日銀が上手に誘導して、買わせて（引き受けさせて）、それが日銀の口座で、古米《こまい》、さらに古古米《ここまい》になって値崩れしてゆくということである。昔は、「満期まで持っていればいい金利が付いて儲かります」と言っていた。ところが、ゼロ金利が20年も続いて、それらがかなり値崩れしている。

たとえば、新規発行の日本国債（10年物《もの》）1億円分を、9800万円で買う。国債は利回り分が先払いだから、表面金利（coupon rate　クーポン・レイト）が2％なら、1億円の2％の200万円を、買い手（銀行）が先貰《もら》いして、9800万円で買うのである。

そして、この10年物《もの》日本国債の金利（長期金利）が、0・5％から0・8％になると、中古品（既発債）のほうが値崩れする。利回り（yield　イールド）がハネ上がる。それでも、まだ日本国債の市場は、ずっと不況（デフレ）の低金利だから、損失額も、まだなんとか他の収益で賄《まかな》える。財務省と日銀が全体としての通貨量（マネタリーベース）の調整で収支を合わせることができる。

ところが、アメリカの米国債の市場価格は、インフレのために新製品（新発債《しんぱつさい》）の利回りがもうすぐ年率5％になるから、中古品（既発債）のほうの実質価格が暴落しているのである。額面の2割ぐらい減価（大損）している。これで、今年の3月にアメリカの地方銀行（地銀《ちぎん》）が潰《つぶ》れたのである。シリコンバレー銀行を先頭にして、全米で中堅の6行が潰れた。

企業経営者は、経営が厳しくなると、どうしても手元資金（手元流動性《りゅうどうせい》）が欲しい。だから、内部留保《ないぶりゅうほ》を処分する。前述した手持ち商品の「投げ売り」である。背に腹は代えられない、と言う。この投げ売り（fire《ファイア》 sale《セール》）で大損が出る。実損《じっそん》が確定する。その時の、身を切られるような痛みは、その経営者にしか分からない。それでもまだ会社（企業）が存続していればいい。

アメリカの長期国債（10年物）の利回りは、2023年10月25日現在で4・84％だ。米国債がこれ以上値崩れして金利が6％台にまで跳《は》ね上がると、金融恐慌（ファイナンシャル・クライシス）突入である。

預証率《しょう》と預貸率《たい》が高い日本の地銀

預証率（2023年3月期） 危ない銀行		
1	大分銀行	40.29%
2	山形銀行	35.60%
3	七十七銀行	35.29%
4	京都銀行	35.15%
5	第四北越銀行	34.09%
6	岩手銀行	33.76%
7	北國銀行	33.37%
8	八十二銀行	32.81%
9	群馬銀行	32.58%
10	山梨中央銀行	31.21%
11	中国銀行	29.30%
12	阿波銀行	29.03%
13	筑邦銀行	28.34%
14	山陰合同銀行	28.26%
15	四国銀行	26.79%
16	滋賀銀行	26.56%
17	富山銀行	25.62%
18	秋田銀行	25.56%
19	荘内銀行	25.41%
20	佐賀銀行	25.31%
	⋮	

預貸率（2023年3月期） 優良銀行		
1	北九州銀行	117.25%
2	関西みらい銀行	94.94%
3	西日本シティ銀行	91.45%
4	鳥取銀行	88.57%
5	きらぼし銀行	88.54%
6	福岡銀行	86.76%
7	伊予銀行	86.06%
8	鹿児島銀行	85.85%
9	静岡銀行	85.62%
10	池田泉州銀行	85.23%
11	但馬銀行	83.49%
12	千葉興業銀行	83.15%
13	山口銀行	82.92%
14	みちのく銀行	81.86%
15	広島銀行	81.33%
16	肥後銀行	81.17%
17	清水銀行	80.89%
18	武蔵野銀行	80.35%
19	紀陽銀行	79.49%
20	横浜銀行	79.43%
	⋮	

出典　全銀協

地方銀行は、集めた預金を企業に融資して地域経済を活性化することが本来の役割だ。ところが貸出先が見つからなくて預証率が高いと、健全な儲けが減って、経営が危なくなっている。

●危ない銀行と健全な銀行

銀行の経営の実力を示すコトバに、「預証率《よしようりつ》」と「預貸率《よたいりつ》」という指標《しひよう》（インデックス）がある（P135の表）。

預証率とは、集めた預金（預金残高《ざんだか》）を、どれぐらい有価《ゆうか》証券（国債や社債や株式）で運用しているかを表わす数字だ。銀行の預証率が高いと、貸出（融資）先が少なくて、その銀行が国債ばかり買っていることを示している。前述した日銀に寝込ましてある〝腐ったお金〟である。だからこの預証《しよう》率が高いほど、銀行の経営状態が危ない。

これに対して、預貸《たい》率は預証率の逆数《ぎやくすう》である。預証率が40％なら、預貸率は60％になる。合計で１００％だ。預貸率は銀行の預金が、どれだけ貸し出しに回っているかを示す数字だ。この数字が高いほど融資が活発で、経営が健全であるとされる。逆に低ければ、手元に運用すべき資金が余ってしまっていることが分かるのである。

P135の表を見ると、日本の地銀のうち、預証率の大きい銀行（すなわち経営が危ない銀行）の筆頭は大分《おおいた》銀行である。40％を超えている。以下、山形《やまがた》銀行、七十七《しちじゆうしち》銀行と続く。従来は山梨中央《やまなしちゆうおう》銀行がいつもトップにあって、岐阜《ぎふ》の大垣共立《おおがききようりつ》銀行などの常連と共に「大丈夫かな、ここは」と思われていた。それが急激に10％近く預証率を減らして、貸出先を増やして業務改善している。相当に強い指導を金融庁から受けたのだろう。

それに対して預貸率が大きい銀行は、経営が安定している優良銀行ということになる。預貸率トップの北九州銀行が117％もあるのは何事だろうか。きっと熊本にできた、TSMC（台湾積体電路製造）の先端の半導体工場に関する企業への融資が大幅に増えて、景気がいいのだろう。西日本シティ銀行と福岡銀行という九州で競《せ》り合っている2大大手地銀も、上位の91％と86％と高水準である。

それに対して、貸付先に困っている（カネ余り）預証率が高い銀行は、買った有価証券の値段が上がれば利益が出るけれども、暴落したら大損する。これは金融博奕《ばくち》の世界である。大きな計算違い（目論見《もくろみ》の失敗）をして博奕に負ければ、銀行そのものの経営が傾《かたむ》く。

それでも銀行には、個人（一般国民）相手の住宅ローンが残っているから、これでなんとか歯を食いしばっている。それを日銀と金融庁が支えている。おそらく日本財務省と日銀は、今の日本の民間銀行をすべて支えて、このままの日本の金融体制を維持する気である。大手の地銀《ちぎん》が1行でも崩れ（破綻）そうになったら、即座に特別緊急融資を実行する。

そのために「日銀は金融緩和《かんわ》（イージング・マネー、量的緩和《りようてきかんわ》、QE《キユーイー》）をやめない（アメリカに逆らってでも）」という強い決意なのだ。あるいは、すぐに、他の銀行と合併させる。そうやって日本の金融秩序（信用の安定）を守る気だ。これは、昔（80年代まで）言われた「護送《ごそう》船団方式」である。日本的なお奉行《ぶぎよう》（お役人）さま政治の良い面である。だが、アメリカはそうは行かない。アメリカは私企業（民間企業）に対して、そこまでの管理権は政府にない。だから欲ボケ銀行たちの破綻が起きる。

●米地銀、連鎖破綻の真相

たとえば私が、民間銀行から4000万円の住宅ローンを借りて（固定金利）25年で組むと、銀行は、その日のうちに、その4000万円を日銀から借りてくる。政策金利の0・5％の金利で日銀から取って（日銀から借りて）、私に1％で貸す。この差額の0・5％が銀行の利益だ。25年間、0・5％で儲《もう》かり続けるのだからいいじゃないか、という理屈である。これで民間銀行という金融業ができている。昔は、この利幅（利ザヤ）が2%以上あった。だから銀行は儲かった。今は、たったの0・5%である。資金は全部、日銀から手当てする（財務省の資金でもあるのだが）。それが銀行業という特殊な商売なのである。利幅《りはば》（スプレッド　spread　）で儲けている。「仕入れ」は国《くに》のお金《かね》からなのだ。

「今の日本の銀行は思ったほどの利益が出ていない」などという、そんな甘いものではない。含み損（評価損）で内部に大損が出ている。このことを新聞、テレビが正直に報じない。

なぜ、この3月に、アメリカの地銀《ちぎん》がバタバタと潰《つぶ》れた（連鎖破綻《はたん》した）か。それは私が前述した「腐ったお金」を貯《た》め込んでいたからだ。帳簿上だけ、有価証券類《るい》を立派そうに見せかけていた。だが実際は、2割ぐらいのお金が腐っていたのである。

そこへ信用不安が起きて、手元《てもと》資金がどうしても必要になった。だから、それらを投げ売りした。それを知った一般の預金者が、「この銀行は危い。私の預金を返せ、返せ」となって、アメリカの地銀はさらに2割、損を出した。

「米銀預金1～3月に66兆円減　地銀破綻で過去最大の減少幅」

米連邦預金保険公社（FDIC《エフディーアイシー》）は、5月31日、2023年3月末時点の米国の銀行預金の総額が、22年末比4720億ドル（約66兆円）減の18兆7424億ドル（約2600兆円）になったと発表した。四半期での減少幅は、1984年の集計開始以来、過去最大だ。シリコンバレーバンク（SVB）などの地銀破綻で、預金を引き出す動きが加速した。

FDICが、商業銀行と貯蓄金融機関《セイビングズ・アンド・ローンズ》（S&L）（引用者注。日本の信用金庫に相当）の計4672行の財務状況を集計した。「ひとりの預金者あたり25万ドルを上限とする、預金保険」の対象外《がい》となる預金引き出しが、預金全体の減少を主導した。FDICの推計によると、保険対象外《がい》の預金は、22年末比6633億ドル（8・3％）減となり、預金全体でみた減少率（2・5％）を大きく上回った。

（日本経済新聞　2023年6月1日）

アメリカの主要地銀《ちぎん》の連鎖破綻が収《おさ》まった5月末の時点で、アメリカの銀行業の全体の様子がこれで分かる。

●債券市場《ボンド・マーケット》が恐ろしいことになっている

P89に写真を載せた、英FT紙のジリアン・テット女史が、シリコンバレー・バンク（SVB）を始めとする「米地銀が破綻したのは、規制当局が3つ目のリスクを警戒しなかったからだ」と指摘した。3つのリスクとは、①**信用性リスク**、と②**流動性リスク**、そして③**金利リスク**である。

この③つ目の金利リスクに大きな秘密がある。〝バーゼル・クラブ〟が、③の金利リスクを見込まなかった。検査、監査しなかった。意図的にほったらかしにした。スイスの都市バーゼルにある銀行監視委員会である。その事務局は、国際決済銀行＝BIS《ビーアイエス》の中にある。ここが先進国の大銀行を監督、規制している。それで3月にアメリカで金融危機《きき》が起きたのだ。

バーゼル・クラブは、①の信用性リスクと、②の流動性リスクについては、これまでも厳しくウォッチ（監視）してきた。厳し過ぎるぐらいだった。ところが、③の金利リスクに対しては、まったく注意を払わなかった。その理由（原因）は、銀行業のすべての金利の土台、基礎である先進国の各国政府が発行する国債は、最高度の信用のあるもの（お札

＝紙幣と同じ価値がある）として、それらの国債の利回り（金融）の動きをまったく無視したからだ。国債も下落して信用が落ちるのだ、という考えをしなかったからだ。

①と②ばかり管理して、③金利リスク、すなわち先進国（G７）の国債の価格（利回り）を中心にできている金融秩序の根幹そのものを「無前提に絶対安全」と考えてきたからだ。バーゼル・クラブ（BIS）は、この金利リスクを審査、監査していない。２００８年のリーマン・ショックの時もそうだった。

バーゼル・クラブ（BIS）とアメリカの規制当局は、「アメリカ政府（米財務省）が発行している米国債は、きわめて安全な資産である。だからリスク・フリー（ゼロリスク）だ」と、世界中の民間銀行に買い入れを促《うなが》してきた。この③金利リスクは、①信用性リスク、②流動性リスクと比べて、緩《ゆる》い監視だった。

この③の金利リスク（古い10年物米国債の実質での値下がり、毀損《きそん》）が今、一番騒がれている。この金利リスクを、アメリカの銀行業界および金融市場の参加者たちがわざと見ないふりをしたから、中古の米国債の投げ売りが起きた時に、損益《そんえき》計算で逆ザヤとなって損益がリワインド（rewind　逆回転）して、それまで銀行の内部で含み益として計算されていたものが実は大損を出した。だから3月に米銀行の連鎖破綻が起きたのだ。そして、これはこれからも起きる。

ヨーロッパとアメリカで、各国政府が発行した、それぞれの国の中古国債を中心とする各種の債券市場（ボンド・マーケット）が恐ろしいことになっている。

以下に、ジリアン・テット女史のFTの記事を載せる。

「SVB破綻、見過ごされた金利リスク」

米シリコンバレーバンク（SVB）が抱えるリスクを規制当局はどうして見落としたのか。同行の経営破綻に衝撃を受けた多くの投資家が3月13日、こう疑問を投げかけた。

SVBが、長期の米国債をヘッジなしで大量に保有していたのは周知の事実だった。米銀大手JPモルガン・チェースは、2022年に、この債券（米国債）の含み損が、中核的自己資本（ティア1《ワン》）を相殺《そうさい》（して銀行の債務超過＝破綻を引き起こす）可能性があるとする衝撃的な試算結果を顧客に報告していた。この報告書はようやく今週になって再配布された。

ＳＶＢの元顧客《もと》の中には、当時その報告書を見て預金を引き出した人々もいる。だが、銀行規制当局、すなわち米連邦準備理事会（ＦＲＢ）と米カリフォルニア州の規制当局は、何の対策も講じなかった。

さらに悪いことに、ＳＶＢの経営陣は、２週間前、つまり失敗に終わった増資計画をＳＶＢが発表する直前に、経営陣が保有する自社株の売却を許可された。衝撃的な話だ（これは株主たちの信頼を裏切る重大な背信行為《はいしん》だ）。（中略）

さらに問題なのは、投資家や規制当局が、軍隊の将官たちのように、「一つ前の（一昔前《ひとむかし》の）戦争」を闘うよう訓練されてきたことだ。特にこの10年間は、①信用リスクと②流動性リスクだけを防ぐよう教え込まれてきた。前者は２００８年の金融危機、後者は２０２０年の市場凍結《しじょうとうけつ》を引き起こしたからだ。

それに対して、③の金利リスクは、ここ数十年ほど銀行業にとって大きな脅威にはならず、あまり注目もされなかった。実際、金利リスクが（デリバティブ市場で）多額の損失を生んだのは１９９４年（29年前）が最後だ。あの時は（デリバティブの金融債を大量に買っていた）カリフォルニア州オレンジ郡が財政破綻するなど、多くの自治体が大打撃を受けた。

世界の債務(global debt)は リーマン・ショック(2008年)からの 15年間で7割増えた

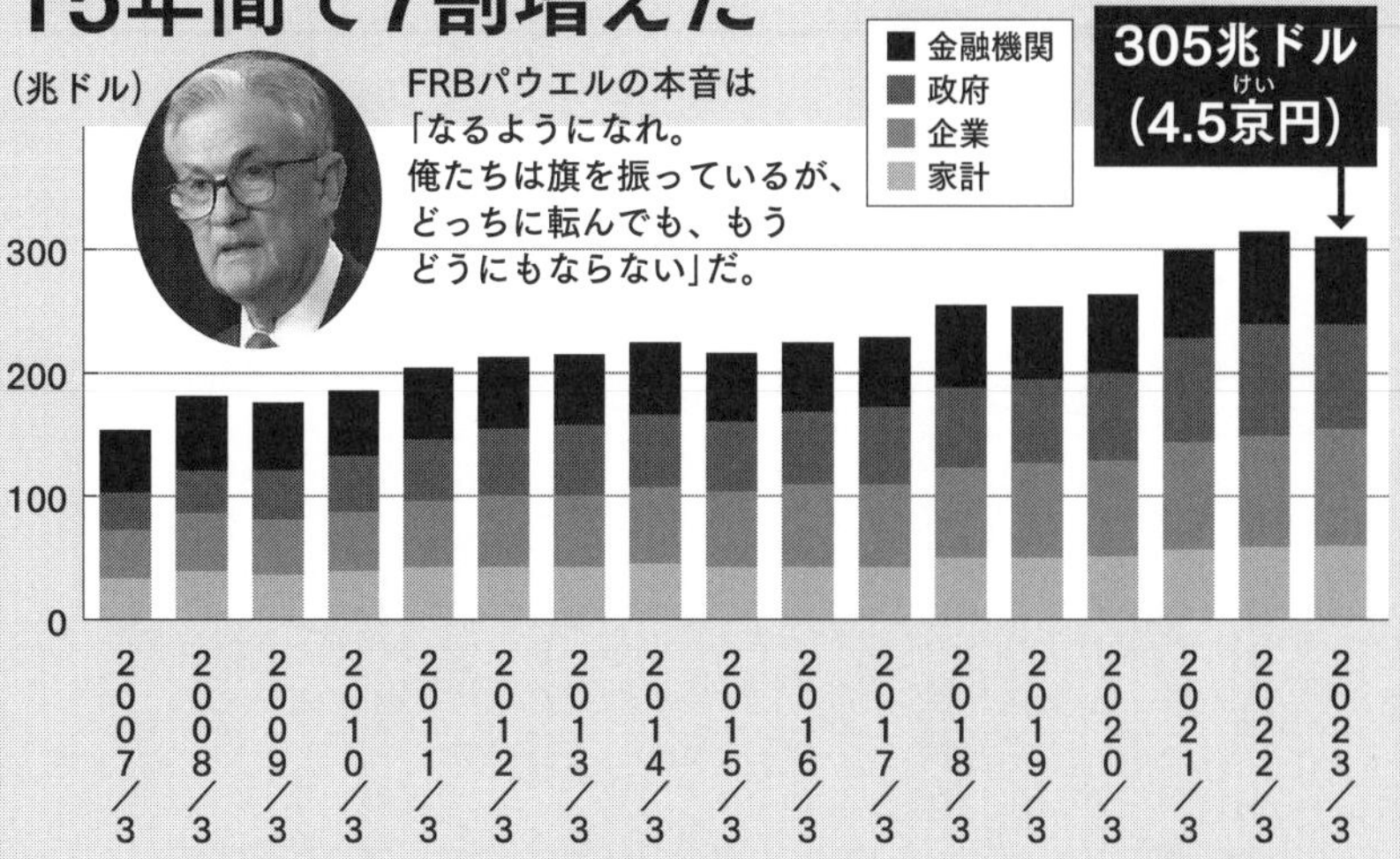

出典　国際金融協会(Institute of International Finance)

「 リーマン危機15年、金融に再び火種　高債務・高金利で 」

世界的な金融危機を招いた2008年9月の米金融大手リーマン・ブラザーズ破綻から9月15日で15年になる。コロナ禍を含む度重なる危機対応で世界の債務は膨張を続け、金利上昇への耐性に不安を残す。巨大銀行の規制強化の裏側で規制の緩《ゆる》かった地銀やノンバンクにリスクが蓄積し、金融システムの安定を脅かす火種も随所にくすぶる。

リーマン危機後、米連邦準備理事会(FRB)をはじめ各国中央銀行は経済を支えるため金融緩和策を講じ、2010年代は低金利とカネ余りが常態化した。20年春の新型コロナウイルスの感染拡大後は再度の大規模緩和と積極財政が加わり、世界の債務拡大に弾《はず》みが付いた。

国際金融協会(IIF)によると、世界の債務残高は23年1～3月期におよそ305兆ドル(4.5京円)とリーマン危機前から7割増えた。政府債務が2.3倍になっただけでなく、9割増になった企業や5割増になった家計も資金調達しやすい環境だったので債務を膨らませた。

(日本経済新聞　2023年9月15日)

中小銀行を監視する米通貨監督庁（OCC《オウシーシー》 Office of the Comptroller of the Currency ）などの担当者は、近年、金利リスクの監視を試みてきた。だが、SVBはこのOCCの規制対象になっていなかった。

同時に、FRBにも大銀行（監視対象の）たちの内部に潜《ひそ》む③の金利リスクを、国民に警告しようという気配はなかった。つまるところ、FRBは12年間も続けた極端な量的緩和政策（とゼロ金利政策）を自分が実行することで、この混乱を自ら招いたのだ。

（FT《エフティ》 フィナンシャル・タイムズ紙　2023年3月14日
振り仮名と注記は引用者）

このように、今や国債が危ない。国債が一番危ない。国家（政府）が発行する国債こそにリスクがある。これが真の金利リスクだ。このことは、2008年のリーマン・ショック（15年前）の時、米政府が20兆ドル（2000兆円）の政府資金を投入して、アメリカの金で大銀行と大保険のすべての破綻を回避し救済することを遠因（遠い原因）とする。このことを指して、私、副島隆彦は、当時、「こんなことをすることで、やがて必ずアメリカ政府自身に毒が回る。やってはならないニューヨークの民間大銀行の一斉救済《いっせい》は、やがて政府自身の信用崩壊を引き起こす」と、書いた。そのことが今や、この中古の米国債の暴落という形で起きつつあるのである。

P103で前述したとおり、2022年（去年）3月から急激に始まったFRBの政策金利（短期金利）上げ政策で、長短の金利が逆転した。FRBは物価と住宅価格が高騰《こうとう》するのを止めたい。しかし、アメリカのこのインフレは止まらない。

長短金利の逆転で、民間銀行の資金繰りで損失が生じた。短期国債のほうが、金利が上がってしまった。一緒に長期国債も上がらなければいけないのだ。この逆イールドがひどくなって、賢い投資家は慌《あわ》てふためいた。だから賢い預金者と投資家が逃げ出したのである。

サンフランシスコに、カリフォルニア・ユニオンバンクという地銀があった。今から160年前の1864年に創業した、アメリカ西部で初めての商業銀行だ。このユニオンバンクを、バブル景気真っ盛りの1988年に、日本の旧《きゅう》東京銀行が買収した。当時の東京銀行（その昔は、横浜正金《しょうきん》銀行という日本で唯一の外為《がいため》専門銀行として名を馳《は》せていた）は、日本のエリート銀行のひとつだった。それから8年後の1996年に、東京銀行と三菱銀行が合併して（実際は三菱銀行による吸収）、加州ユニオンバンクになった。そのあと、三菱東京UFJ銀行の完全子《こ》会社にした。銀行の名前は「MUFGユニオンバンク」である。

そして、いち早く米の地銀《ちぎん》の経営危機を察知して、2022年12月に、三菱UFJフィナンシャル・グループは、このユニオンバンクをUSバンコープに売却した。評価額の半値ぐらいで売ったようだ。そして最後まで残っていたユニオンバンクの本社ビルは、時価《じか》（地価）の8割引きで売った。すなわち評価額の3億ドル（400億円）を、5分の1の6000万ドル（80億円）で売った。

つまり、このようにアメリカでは商業不動産の投げ売りが部分的に始まっている。8割引きでも、まだ値段が付いてさっさと損切《そんぎ》りして売ったほうが賢いのである。このビルは40年前の1980年代に、旧東京銀行が建てたビルだった。

●次のシリコンバレー銀行《バンク》はどこか

中国株のビジネスに詳しい田代尚機《たしろなおき》氏という専門家が、「どこが次のシリコンバレー銀行か?」という記事を書いている。この人は、大和《だいわ》総研で北京駐在のアナリストだった。記事を載せる。

「「部屋の中の象」は中国ではなく米国　日本ではあまり報じられない米国発の金融危機リスク」

確かにそのような実態（引用者注。これからアメリカの長期金利が急に上昇すること）があるかもしれない。だが、その弊害がもたらす日本への不利益は、大きくないだろう。

それよりは、毎日経済新聞（注。韓国の経済新聞）が10月7日に報じた「1年で2兆2000億ドル（約300兆円）の損失！　高金利が米国の銀行業界を襲う。どこが次のシリコンバレー銀行か?」とする米国発金融危機発生のリスクを伝える記事は、実際に起こった場合、日本への影響が大きいので、注目に値する。

全米経済研究所によれば、「2022年第1四半期から2023年第1四半期にかけて、金利上昇によって米国の銀行システム全体が受けた債券投資による（評価された）損失は2兆2000億ドルに及ぶ。不動産向けローンが、不良債権化する、潜在的なリスクがある。特に資産総額の20％ぐらいを不動産向けローンが占めている。財務体質の脆弱《ぜいじやく》な米地方銀行にとって、これは深刻な問題だ」と警告している。

長期金利の上昇（米国債の下落）は、債券投資における評価損の発生に加え、不動産向けローンの不良債権（バッド・ローン）化を引き起こす。高いレバレッジ（引用者注。例えば元手《もとで》の10倍とかの危険な投資倍率）をかけてひたすら投資規模を拡大しようとしているベンチャー企業は、（保有資産の下落によって）資金繰りに窮《きゆう》する可能性が高まる。金融機関や市場関係者はこの「部屋の中の象」を見えないふりをしている。

欧米の市場関係者が声高《こわだか》にそれを口に出すと、そのこと自体が債券市場に悪影響を与える。その点を考えれば、積極的に（業界全体が抱える）リスクを伝えないからと言って一概に責められるものではない。しかし、投資家はこの「部屋の中の象」（引用者注。大きな象がそこにいるのに、それを皆で見ないふりをすること）を見過ごすわけにはいかない。

（マネーポスト　2023年10月11日　振り仮名は引用者）

ようやく、こういう人物が出てきた。日本国内では、こういうことを専門家が誰も書かない。

「全米経済研究所によれば、2022年第1四半期から2023年第1四半期にかけて、金利上昇によって米国の銀行システム全体が受けた債券投資による（評価された）損失は2兆2000億ドル（約300兆円）に及ぶ」とある。

「欧米の市場関係者が声高にそれを口に出すと、そのこと自体が債券市場に悪影響を与える」が、真実だろう。

やはり、10年物の米国債市場の崩れ（長期金利の急上昇。5・5%とかへ）が、世界経済にとっての一番の焦点になっている。

SBI新生銀行を中心に、日本の地銀の再編が進む

日本の地方銀行業界では、大きな再編の動きが進んでいる。この動きの中心人物は、S《エス》BI《ビーアイ》ホールディングスの北尾吉孝《きたおよしたか》氏だ。左のP153に孫正義《そんまさよし》氏と共に写真を載せた。

野村證券出身の北尾吉孝（現在72歳）は、1995年に孫正義（彼が6歳年下）にスカウトされてソフトバンクに入った。その4年後の1999年に、北尾は独立してソフトバンク・インベストメント（今のSBIホールディングス）のCEO《シーイーオウ》になった。そして着々とM&A《エムアンドエイ》（企業の乗っ取り業）を続けて、2021年にはついに、新生銀行までも乗っ取った。敵対的買収《てきたいてきばいしゅう》を仕掛けて勝利した。その背後に金融庁の後押《あとお》しがある。

「SBI新生銀行、預金5割増の衝撃　動かぬ金利に風穴」

四半世紀にわたる日銀の金融緩和（とゼロ金利）によって、凍り付いていた日本の金利がようやく動き出した。日銀は、2022年12月に、長期金利の上限を0・5%に引き上げた。そして、さらなる政策変更の可能性を探っている。金融機関は、「こ

SBI北尾が、日本の地銀《ちぎん》すべてを統括する

子分

五味廣文
元金融庁長官
現SBI新生銀行会長

写真　時事通信フォト

3人の親分

スティーヴン・シュワルツマン
米投資会社ブラックストーンのCEO

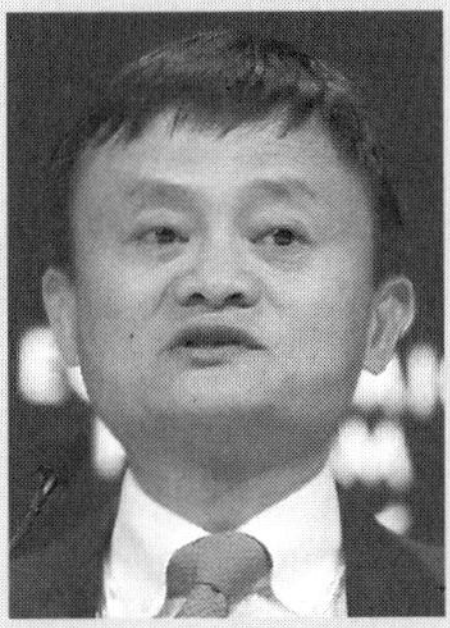

ジャック・マー（馬雲）
中国アリババの創業者

今年の7月に、ずっと東京に滞在して孫正義たちと話し込んでいるのを目撃されている

SBI新生銀行の北尾吉孝《よしたか》は、ブラックストーン（米投資ファンドの最大手）のスティーヴン・シュワルツマンを通じて、中国と繋《つな》がっている。それを日本財務省と金融庁が後押ししている。だから日本は、着々と中国シフトする。シュワルツマンの親分はキッシンジャー（最大の親《しん》中国派）である。

れからの金利のある世界」に備え、預金獲得や融資の戦略を練り直し始めた。金利の再起動は日本の金融を今後どう変えていくか。にわかに活気づく金融の最前線から報告する。

「(当行の)預金量は、中期経営計画2024年度の目標をすでに超過した」。5月に開いた22年度の決算発表の場で、新生銀行の川島克哉《かわしまかつや》社長は、「22年度から3年間の計画をわずか1年で達成できた」と胸を張った。

預金残高は、9兆9822億円と1年前と比べて5割超、金額にして実に3兆円以上増え、2000年の新生銀行発足以来、過去最高となった。伸び率は国内106行の4・2%増を大きく上回る。

(日本経済新聞　2023年7月4日　注記と振り仮名は引用者)

完全に、北尾吉孝の勝ちだ。日本の財務省、金融庁も、密かに北尾を後押しして、さらに北尾が手中にしたSBI新生銀行を中心(司令部)にして、地銀《ちぎん》の全体の再編を推《お》し進める。日本の金融当局は北尾と深く連携している。

北尾は、自分の親分であるスティーヴン・シュワルツマン(米ブラックストーンの会長。孫正義も、こいつの子分）を通して、中国のアリババ（ジャック・マー　馬雲《ばうん》がオーナー）とも繋《つな》がっている。このことも日本の財務省が知って連携している。

私は15年前から、「全国の地銀の合併、集約」を調べていた。それが、こんなに大きな図式（計略）で動いている、とまでは数年前まで分からなかった。日本の地銀《ちぎん》の再編は世界の金融の動きの一部であったのだ。

日本財務省は、ＳＢＩの北尾吉孝とソフトバンクの孫正義を表面に押し立てて、自分たちは後《うし》ろに隠れながら（アメリカにぶん殴られるのがイヤだから）着々と日本の金融を中国寄りにシフトしている。アメリカから、じわじわと離れようとしているのである。

これからはＳＢＩ新生銀行（北尾が手中に収めた）を旗艦《きかん》にして、地銀62行のすべてを統括させる。実質、護送船団方式で落ちこぼれを出させない。そのために、五味廣文《ごみひろふみ》（四代目の金融庁長官）が、ＳＢＩ新生銀行に社外取締役で入った（２０１７年６月）。

●ますます世界で「脱《デイー・》ドル化《ダラライゼーション》」が進む

中国もインドも、長期契約でロシアから石油を大量に買っている。ところが日本の商社は、長期契約ではなくて、スポット（1回の取引ごとの契約）で買っている。それでも、ロシアとの石油取引では、支払い（決済通貨）は、米ドル（いわゆるペトロ・ダラー petro dollar ）ではない。今や金《きん》である。

ロシアは「ロシア・ルーブルか金《きん》（ gold《ゴールド》 ）でなら石油と天然ガスを売ってやる。金《きん》を持って来なさい」という態度だ。だから日本国内で金《きん》の買取業者が繁茂《はんも》（全国に蔓延《はびこ》ること）しているのだ（P21の表）。金の値段が上がって、ロシアに流れ出しているのである。

アメリカはこの世界的なロシア産の原油と天然ガス買いを阻止するために、1ドル＝100ルーブルにまでルーブルを叩き落とした。5月20日まで80ルーブルだった。一時は50ルーブルまで信用を回復していた（左P157のグラフ参照）。

それが去年の2月24日のウクライナ侵攻の直後には、130ルーブルにまでロシア・ルーブルは落ちた。

ドル・ロシアルーブル

(ドル)
140
120
100
80
60
20
2022/3/11
135.5ルーブル
2023年10月18日
1ドル＝97.52ロシアルーブル
ウクライナ戦争開始(2022年2月24日)から
ルーブルが急落した
2022/6/29
50ルーブル
ルーブルが持ち直した
2022/2 22/4 22/6 22/8 22/10 22/12 23/2 23/4 23/6 23/8 23/10

ロシアルーブル・円

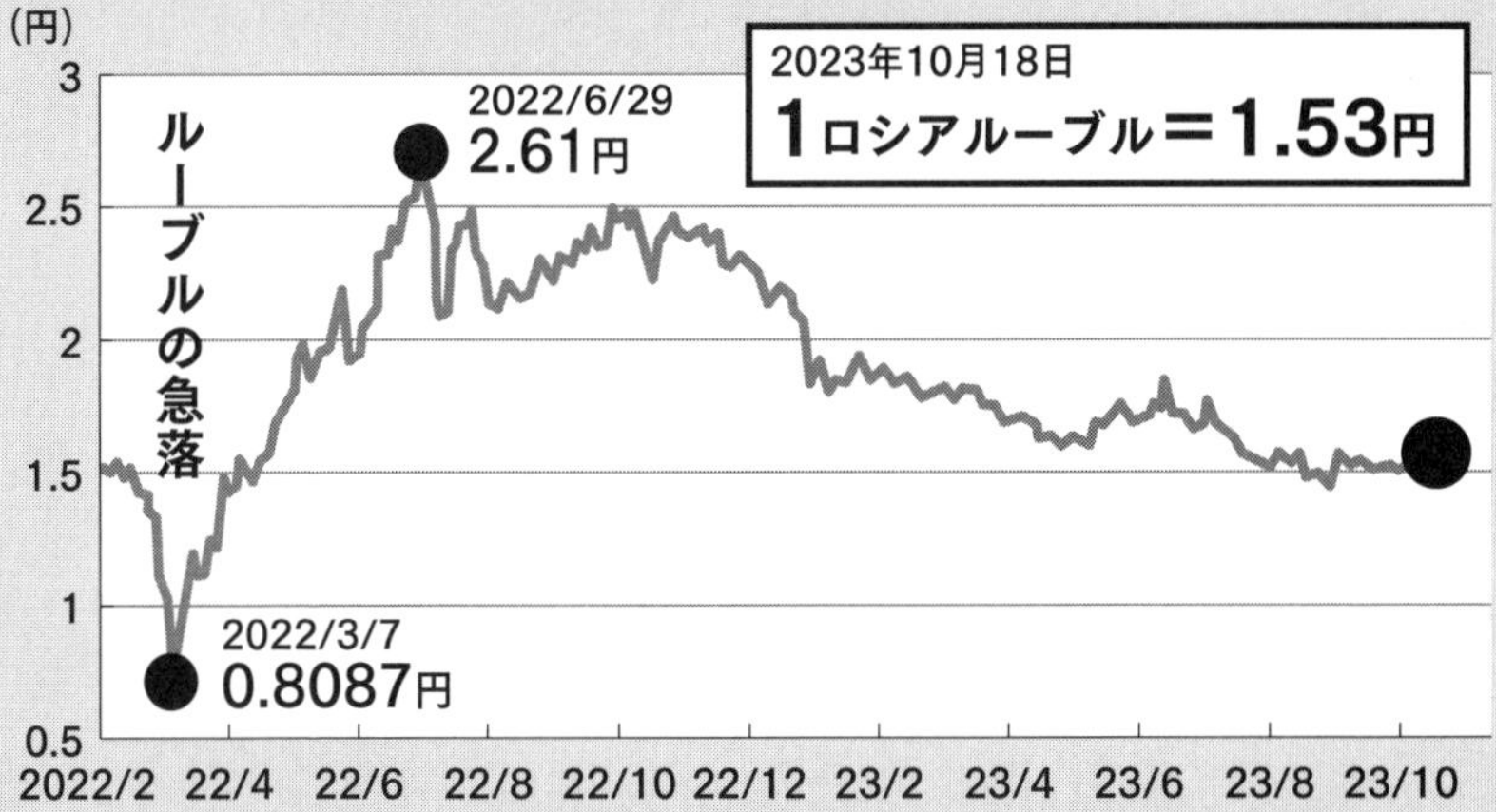
(円)
3
2.5
2
1.5
1
0.5
2023年10月18日
1ロシアルーブル＝1.53円
2022/6/29
2.61円
ルーブルの急落
2022/3/7
0.8087円
2022/2 22/4 22/6 22/8 22/10 22/12 23/2 23/4 23/6 23/8 23/10

為替の幅で80ルーブルが100ルーブルにまで落とされたものだから、ロシアは外国製品を輸入する時に大損をする。そして、侵攻（開戦）直後からロシアは国際金融の決済システムから追放された。SWIFT（スウィフト。銀行など金融機関を結ぶ情報通信サービスの運営団体。Society for Worldwide Interbank Financial Telecommunication ）から遮《しゃ》断《だん》された。

英と米が2014年から綿密《めんみつ》に計画を立てて、プーチン体制を瓦解《がかい》させようとして、策略を練った。そしてプーチンに先に手を出させて、プーチンをまんまと罠《わな》に嵌《は》めた。「しまった、謀《はか》られた」と気づいたプーチンは、開戦2日後には態勢を整えた。

まず、「核戦争する準備態勢に入れ」と軍に命じた。そして1カ月半（4月末）で、一斉《いっせい》にウクライナの首都キエフ（キーウ）の包囲網を解いて、一目散《いちもくさん》に撤退した。そして2カ月後（5月から）には、ロシア軍の主力をウクライナ東部と南部に移動させた。このあと持久戦《じきゅうせん》（長期戦を覚悟）に変えた。ロシアの得意の戦略（タクティクス）に変えたのだ。

やはり、プーチンは世界政治の大《だい》天才である。プーチンはディープ・ステイトの策略に負けなかったのである。だから、プーチンは以後、ヨーロッパ諸国からも金《きん》を天然ガスと原油の代金として受け取る仕組みに変えたのである。

そして、中国の人民元《レンミンユアン》（人民幣《レンミンビ》）で、原油の輸入代金の決済（セツルメント）をする動きが、世界的に拡大している。ロイターの記事を載せる。

「インド製油業者、ロシア産原油輸入で人民元決済を開始＝関係筋」

インドの製油業者が、ロシア産原油を輸入する際の決済通貨として（引用者注。米ドルではなく）人民元を利用し始めたと、関係者が明らかにした。欧米などの対ロ制裁を受けてロシアとのドル決済が制限されていることが背景だ。

あるインド政府筋は「銀行がドル建てでの取引決済に応じない場合、人民元など他の通貨で支払う製油業者もいる」と語った。

関係者3人によると、インド最大のロシア産原油の買い手である伊インディアン・オイルは、6月、国営製油会社として初めてロシア産原油の購入代金の一部を人民元で支払った。同社はコメント要請に応じていない。

インドの民間製油業者3社のうち、少なくとも2社が一部を人民元で支払っている

と、別の関係者2人が語った。（中略）
インドのロシア産原油輸入は、5月に過去最高を記録し、全体の40％に上った。前年同月は16・5％だった。インドは欧米が主導している対ロ制裁に応じていない。インドの銀行は輸入代金の決済に慎重になっている。

（ロイター　2023年7月4日　傍点は引用者）

このように、脱《だつ》ドル化（de-dollarization《ディー・ダラライゼーション》）が一気に世界各国で進みつつある。「ドル・石油通貨体制」（1971年からの修正IMF体制。第1章で説明した）は、今や音を立てて瓦解《がかい》しつつある。

5章

半導体の先端技術で読む これからの世界

●ファーウェイの最新スマホ「Mate《メイト》 60」の衝撃

この第5章では、半導体の話をする。半導体の激しい開発競争が、今の世界の最先端での世界企業たち、そして大国間《かん》の最大の闘いとなっている。私は理科系の専門家ではないから詳しい専門的な知識はない。だが、私の眼力《がんりき》で、目下《もっか》起きている半導体開発の核心部分を見破って説明する。

今、世界中の巨大企業の先端技術は、すべて半導体が重要になっている。PCやスマートフォンを始め、電子機器（デバイス）も自動車も、半導体がなければ作れない。銀行のATMやインターネットもそうだ。巨大企業にとっては、導入した新技術が商品（売り物）になることが、自分たちが生き残るために必須である。

巨大企業たちの動きは、大きくは国家体制にまで関わり、世界政治を動かしている。本書の巻末に、「半導体の新技術で大成長する株の15銘柄」の一覧を載せた。

中国のファーウェイ（華為《かい》技術）が、8月29日に、突如、最新のスマートフォン

中国ファーウェイのスマホに“謎の半導体《チップ》”が使われていた

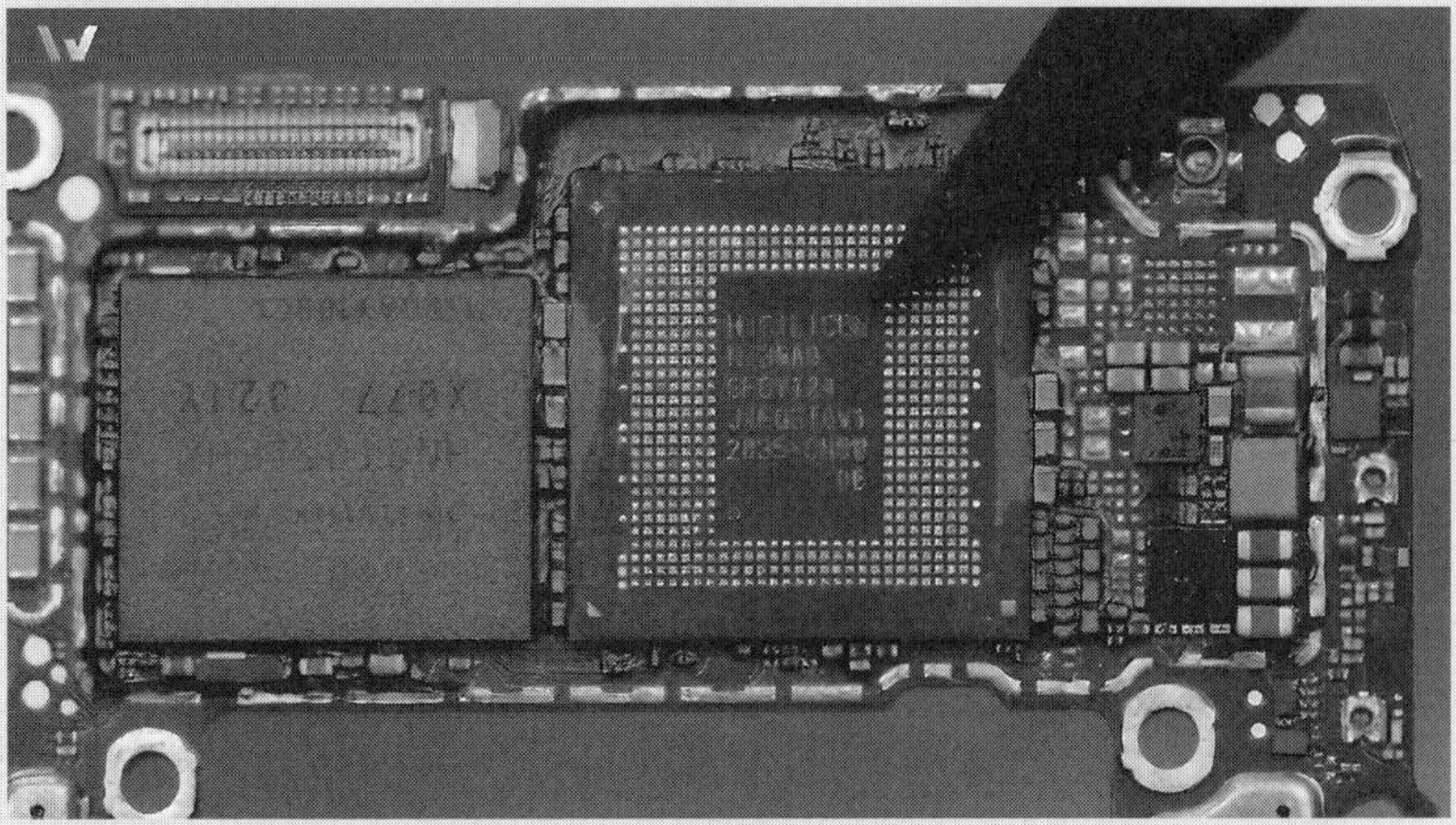

スマホの心臓部にある「kirin（キリン）9000」

分解中の様子

◀ファーウェイの最新機種「Mate（メイト）60」
https://www.youtube.com/watch?v=Opc9VF3pNZE

これは中国のユーチューバー（微机分WekiHome）が公開した「Mate60」の分解の動画である。

アメリカは経済制裁で、2018年から中国への先端技術の輸出を禁止した。しかし、中国のファーウェイが発表した最新機種には、回路線幅《せんはば》7ナノメートルという、驚くべき最先端の半導体技術が組み込まれていた。

「Mate《メイト》 60 Pro《プロ》」シリーズを発売した。最上位機種は16万円ぐらいだ。突然の発表だった。その衝撃が世界に広がった。

このMate 60 Proを、カナダの調査会社が直《ただ》ちに分解して調べたら、驚くべき事実が分かった。スマホの心臓部である「麒麟《キリン》（kirin）９０００ｓ《エス》」というプロセッサ（処理装置）に、回《かい》路《ろ》線《せん》幅《はば》7ナノ（10億分の7）メートル（１００万分の7ミリ）の半導体技術が使われていたのである。「ナノ」は、ミクロンの次のものすごく微細《びさい》な世界の技術だ。

中国は、トランプ政権の時の２０１８年10月からの〝米中半導体戦争〟で、アメリカの経済制裁を受けて、半導体を中心に先端技術を輸入できなくされた。米商務省《コマース》が主導した。中国封じ込め戦略（コンテインメント・ポリシー）である。それなのに、７ナノの半導体を組み込んだスマホ（Mate 60 Pro）を開発した。Ｐ173でも後述するが、アメリカは「中国に半導体の技術を渡さない」と、厳しく規制していた。このように、半導体は今の世界政治に大きく関わっている。

かつて半導体は「セミコンダクタ」semiconductor と呼ばれた。やがて「マイクロチップ」microchip に変わり、今は「ナノチップ」nanochip になった。半導体そのものが、電子デバイスである。

n《ナノ》は10億分の1を示す。0・000000001である。語源はギリシア語の「ナノス」（ものすごく小さい人。小人《こびと》）だ。

マイクロ（μ、ミクロン）は100万分の1で、3桁《けた》上の0・000001だ。ナノとマイクロで0《ゼロ》が3つ違う。単位はメートルだ。だから1ナノメートルは10億分の1メートルで、1000万分の1センチ、100万分の1ミリである。

半導体の開発・製造は、きわめて微細《びさい》な世界に突入している。簡単に言うと、微細化を進めれば進めるほど、より小さなチップ（IC《アイシー》 integrated《インテグレイテッド》 circuit《サーキット》）に、大規模な回路を集めて、通信速度が上がる。これが省《しょう》電力化する。なぜ極《ごく》微細化するのかと言うと、スマホを流れる微弱《びじゃく》電流が最新アプリ・ソフトで電気抵抗を受けても発熱、故障（ひどい場合は発火）しないようにするためだ。

●半導体の「6分野」を説明する

半導体の分野は、大きく分けて6種類ある。

①パワー半導体（高い電圧、大きな電流を制御《せいぎょ》する。例。自動車用）
②フラッシュメモリー（データの消去と書き換えができる。記録内容を保存する）
③画像センサー（光の情報を電気信号に変えて、画像処理する）
④ロジック半導体（高度な計算と情報処理を行なう。人体で言うなら脳）
⑤半導体製造装置（半導体デバイスを作る。日本企業が強い）
⑥アナログ半導体（アナログ信号とデジタル信号を変換する。古い系統の半導体）

以上の6種類である。

日本は1980年代から、今もこのうちの、③画像センサーと、⑤半導体製造装置と、⑥アナログ半導体に強い。世界競争に負けていない。
③の画像センサーは、ニコンとキヤノンのデジタルカメラで使われ始めたデバイスだ。

TSMCの売上高。スマホ市場とともに急拡大した

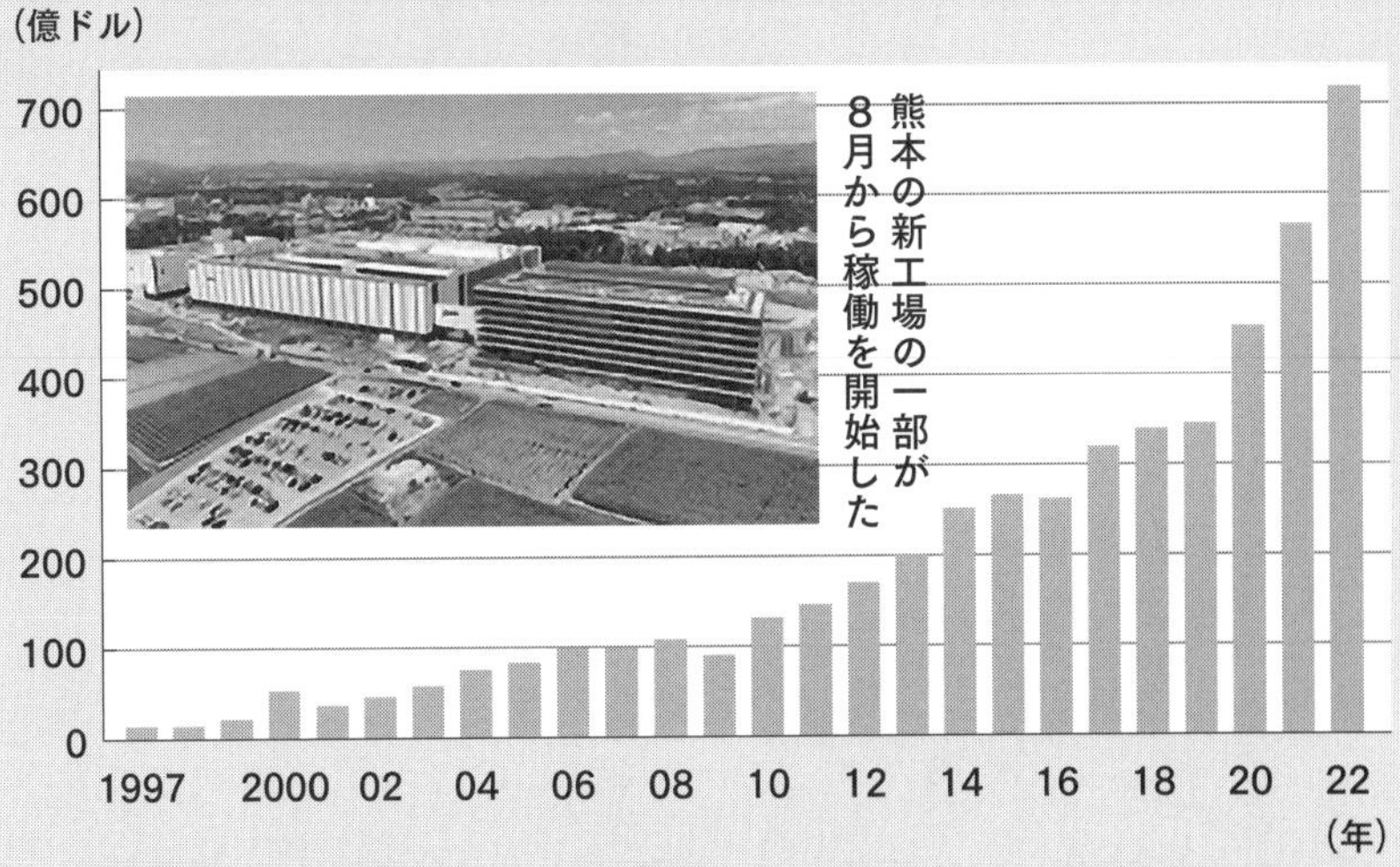

熊本の新工場の一部が8月から稼働を開始した

TSMCを創業した天才、張《ちょう》忠《ちゅう》謀《ぼう》(モリス・チャン、92歳。左)と、エヌビディアのジェンスン・フアンCEO(右。P208で後述)

写真　TAIWAN NEWS

アップルのスマホiPhoneのプロセッサーも、エヌビディアのAI用チップ「画像処理半導体(GPU)」も、TSMCが量産している。開発する会社と製造する会社が相乗効果で巨大化する循環が生まれることを、張氏が予言していた。

出典　日本経済新聞　2023年8月21日

中国にも輸出されている。今は、NVIDIA《エヌビディア》社のGPU《ジーピーユー》（画像処理半導体）になった。⑤の半導体製造装置の代表的な日本企業は、東京電気化学工業（TDK《ティーディーケイ》）と、東京エレクトロンである。それから、⑥のアナログ半導体は、ソニーとNECがずっと作り続けている。ここに、日本の国策会社のルネサス（ルネサスエレクトロニクス株式会社）が入ってきて、世界シェアを伸ばしている。

●「線幅2ナノ」の技術競争に中国企業が加わった

世界の最先端での競争は、④ロジック半導体である。このロジック半導体で激しい競争が起きている。P163に載せた中国のファーウェイ社のスマホ（Mate 60 Pro）に、回路の線幅7ナノメートルの半導体が使われていて世界に衝撃を与えた、と書いた。それよりも進んだ線幅2ナノを作る技術競争に中国企業が加わったのだ。

世界で2ナノ半導体を量産する技術を持っているのは、アメリカのインテル Intel と、韓国のサムスン Samsung と、台湾のTSMC《ティーエスエムシー》（台湾積体電路製造。Taiwan《タイワン》

Semiconductor《セミコンダクター》 Manufacturing《マニュファクチャリング》 Company《カンパニー》）の３社だと言われている。どうも米インテルが脱落しそうだ。

ＴＳＭＣは１９８７年に、張忠謀《ちょうちゅうぼう》（Morris Chang《モリスチャン》 92歳）が創業した。モリス・チャンは中国の浙江《せっこう》省生まれ（１９３１年生）で、１９４９年にアメリカに留学し、マサチューセッツ工科大学（ＭＩＴ）を卒業して、テキサス・インスツルメンツ（ＴＩ）などで働いた。

その後、１９８５年（54歳）で台湾政府に招かれて帰り、ＴＳＭＣを育てた。５年前の２０１８年にＴＳＭＣのＣＥＯ《シーイーオウ》と会長職を退任したが、今も活動している。

モリス・チャンが育てたＴＳＭＣは、ファウンドリ（下請《したう》け製造専業）として、台湾と中国とアメリカで、世界の半導体の６割を作っている。２０２２年第３四半期《しはんき》の発表では、ＴＳＭＣの世界シェアは56・１％である。ところが今やＴＳＭＣは、ファブレス（設計、開発会社）を追い越してきた。

●ＴＳＭＣとトヨタとソニーの関係

アメリカ政府の命令で、日本で熊本県の菊陽町《きくよう》（熊本市の東隣）に半導体の巨大工場を建設している。今年（２０２３年）中に製品の供給を開始する。モリス・チャンは国民党員であり、本当は習近平と仲がいい。ＴＳＭＣは、台湾有事に反対である。モリス・チャンはアメリカ（バイデン政権）に怒っている。この工場の次に第２工場も熊本で作ると記者会見で発表した。新聞記事を載せる。

「ＴＳＭＣ、日本第２工場も「熊本で検討」会長が会見で明らかに」

半導体を受託生産する世界最大手「台湾積体電路製造」（ＴＳＭＣ）の劉徳音《りゅうとくおん》会長は６月６日、株主総会にあわせて記者会見し、日本で計画する第２工場について、熊本県内に設ける可能性が高いと明らかにした。「現在建設中の（熊本）工場のそばで土地取得を検討している」と語った。

劉氏は、第２工場の建設について、日本政府と補助金について交渉中だと説明した。「日本で製造する半導体の種類は米国工場で最先端のものを作るので、日本での

世界の半導体メーカーの売上番付表
(2022年)

	企業名	本社所在地	売上高	市場シェア
1	サムスン Samsung Electronics	韓国	655億ドル (9兆円)	10.9%
2	インテル Intel	アメリカ	583億ドル (8兆円)	9.7%
3	SKハイニクス SK Hynix	韓国	362億ドル (5兆円)	6.0%
4	クアルコム Qualcomm	アメリカ	347億ドル (5兆円)	5.8%
5	マイクロン・テクノロジー Micron Technologies	アメリカ	275億ドル (4兆円)	4.6%
6	ブロードコム Broadcom	アメリカ	238億ドル (4兆円)	4.0%
7	AMD Advanced Micro Devices	アメリカ	232億ドル (4兆円)	3.9%
8	テキサス・インスツルメンツ Texas Instruments	アメリカ	188億ドル (2.6兆円)	3.1%
9	メディアテック Media Tek	台湾	182億ドル (2.6兆円)	3.0%
10	アップル Apple	アメリカ	175億ドル (2.5兆円)	2.9%
	その他		2775億ドル (39兆円)	46.1%
	合計		6017億ドル (84兆円)	100%

出典　Gartner 2023年1月17日発表

しかし、ここにTSMCを入れると、758.8億ドルだから世界1位になる。TSMCはファウンドリ（請負仕事）だからという理由で、この番付表から外されている。

製造は最先端の製品ではない。顧客（注。日本の企業たち）も、前世代型の半導体が不足している（から、それでいいと言っている）」と語った。
ＴＳＭＣは、日本政府から４７６０億円の補助を受け、ソニーグループ、デンソーとともに、熊本県菊陽町に日本で初めての工場を建設中だ。
（朝日新聞　２０２３年6月6日）

記事にあるとおり、熊本の工場建設にはデンソーが参加している。デンソーはトヨタ自動車のグループ企業だ。すなわちＴＳＭＣの熊本工場は、トヨタが「その程度でいい」とＯＫを出したのである。

この工場は、20ナノぐらいの半導体を作る。７ナノ以下の最先端の半導体を製造する気はない。トヨタは「うちは自動車メーカーです。スマホじゃないから、20ナノあれば十分です」とＯＫした。

トヨタはコロナウイルス騒ぎの時、20ナノ〜40ナノの半導体が輸入できず、部品が不足して自動車が作れなくなって困った。「アルファード」の新車の納入が今も2年待ちになっている。

記事にはソニーの名前が出ている。TSMCの熊本第1工場の隣は、ソニーの画像センサーの工場である。ここにTSMCの工場が建つのは、元々ソニーが持っていた土地だからだ。

●日本のロジック半導体で起きた〝問題〟とは

半導体は、大きく言えば電子デバイスである。その一種である。電子デバイスの世界が、最先端技術をめぐる国家間の戦場となっている。2018年からの（この5年間の）米中貿易戦争の主戦場である。そして、どうやらアメリカが負けたようだ。半導体は国家にとって、きわめて重要な戦略物資である。

前のほうから書いてきたとおり、アメリカが「中国に半導体の先端技術を渡すな」とする厳しい中国封じ込め（コンテインメント・ポリシー）の経済戦争なのである。このことを理科系の技術系の人々は言いたがらない。

特に、微細《びさい》加工技術が必要な④ロジック半導体は、超《ちょう》重要な戦略物資である。ここで問題が起きた。

日本も、ロジック半導体をなんとか国産化しようと、「ラピダス」Rapidusという会社を去年（2022年）8月に作った。トヨタ、デンソー、ソニー、NTT、NEC、ソフトバンクの大企業8社が出資して、これに経済産業省が3300億円を補助金（サブシディーズ）で突っ込んだ。だからラピダスは国策会社だ。〝日の丸半導体〟である。「ラピダス」の由来は英語の「ラピッド」rapid（急速な）だろう。

これまでに経産省が必死の思いで始めた〝日の丸半導体〟は、①エルピーダメモリ（鬼才、坂本幸雄《さかもとゆきお》氏が2012年に無念の倒産をした）。②DEJ《ディーイージェイ》（デジタル・エクイップメント・ジャパン）。③ルネサス（前出）。そして、この④ラピダスだ。

何が問題かというと、ラピダスが開発する計画のロジック半導体に、アメリカのIBMのオンボロ技術を導入していることだ。IBMによる日本（ラピダス）への〝技術供与〟が去年（2022年）暮れに発表された。

国産量子コンピュータの独自開発が邪魔された

写真　時事

国産の量子コンピュータ第1号機と中村泰信・理研センター長

五神真(前東大総長で理研の理事長のワル)

中村泰信《やすのぶ》(東大先端研教授。理研センター長)は1999年に量子コンピュータの心臓部である量子(クアンタム)ビット(Qビット)を発明した。

2023年には、国産で初の超伝導《ちょうでんどう》量子コンピュータを公開した。

それなのに、政治力で東大総長から理研の理事長になった五神 真《ごのかみまこと》が、自民党の甘利明と組んで、一番上のほうから、この国産量子コンピュータを邪魔するので、周囲から叩かれている。

「米IBM、日本のラピダスと提携　最先端半導体の製造支援」

米IBMは、12月13日、トヨタ自動車やソニーグループなど日本企業8社が出資して設立した半導体メーカー、Rapidus（ラピダス）と提携すると発表。最先端の半導体製造を支援する。

IBMのリサーチディレクター、ダリオ・ギル氏によると、同社が開発した2ナノメートル（ナノは10億分の1）の半導体製造で協力する。（略）

ラピダスは、2020年代後半までに、次世代の微細化《びさいか》技術を用いたロジック半導体「ビヨンド2ナノ」の量産を目指している。日本政府は同社に700億円の研究予算を拠出する。

（ロイター　2022年12月13日）

この時「IBMの研究所が線幅2ナノの技術を持っているから」と、IBMと経産省を橋渡ししたのが、五神真《ごのかみまこと》（66歳）という物理学者である。五神は東大総長を務めたあと、2022年4月から理化学研究所（理研《りけん》）の理事長になった。

この五神真は、自民党のポンコツ議員甘利明《あまりあきら》とくっついている〝チーム甘利〟のメンバーだ。甘利は、自民党の「半導体戦略推進議員連盟」の会長を名乗る。五神と甘利が組んで、実際の製造力はない、口ばっかりのIBMからラピダスへ技術導入を仕組んだ。アメリカの手先《ポウ》どもだ。

せっかくロジック半導体を日本で独自開発しようとして設立したラピダスに、なぜアメリカのIBMが入ってくるのか。このことで五神は、半導体技術者たちから、公然と嫌われている。

●量子コンピュータを世界で初めて開発した日本人

さらに言うなら、2ナノ半導体の開発、量産は、量子《りょうし》（クアンタム quantum ×クオンタムではない）コンピュータの問題にまで関わってくる。

量子コンピュータは、量子力学から生まれた（1925年誕生）次世代コンピュータである。量子《クアンタム》とは何か、は今でも実ははっきりしない。それでも2進法（0と1から成る）による従来型のコンピュータよりも、重ね合わせ理論《スーパープロポジション》で、はるかに超高速で大規模容量の計算（演算《えんざん》）と処理ができるらしい。

この量子コンピュータは、まだ研究開発段階で、生産現場で実用化されるのは2030年ごろらしい。量子コンピュータという考え方は、今から40年以上前の1981年に出現した。リチャード・ファインマン Richard Phillips Feynman 博士（ノーベル物理学賞受賞者）が、講演で「量子力学の原理に従うコンピュータが必要だ」と提唱した。ファインマンは現代物理学の優れた教科書も書いている真面目な学者だ。他の、バカげた、嘘《うそ》八百のビッグバン宇宙論の系統の物理学者たちとは異なる。

18年後の1999年に、日本人の**中村泰信**《なかむらやすのぶ》（55歳。P175の写真）が、世界で初めて「量子ビット」（固体素子《こたいそし》量子ビット　Qbit《キユービット》）の開発に成功した。中村は超伝導《ちようでんどう》（超電導）の研究から、量子ビットを開発した。だから中村が作った量子ビットは、「超伝導量子ビット」とも呼ばれる。この量子ビットが、量子コンピュータの〝心臓部〟である。常温《じようおん》超伝導は、日本の技術者たちが得意とする材料工学《ざいりようこうがく》の、さまざまな物質の掛け合わせから生まれた。

中村は量子ビットを開発した時、NECの研究所にいた。今は東大先端科学技術研究センター（先端研《せんたんけん》）の教授と、理研《りけん》の量子コンピュータ研究センターのセンター長を兼務し

経産省が「日本の半導体産業は凋《ちょう》落《らく》した」と、やっと公表した（2021年）

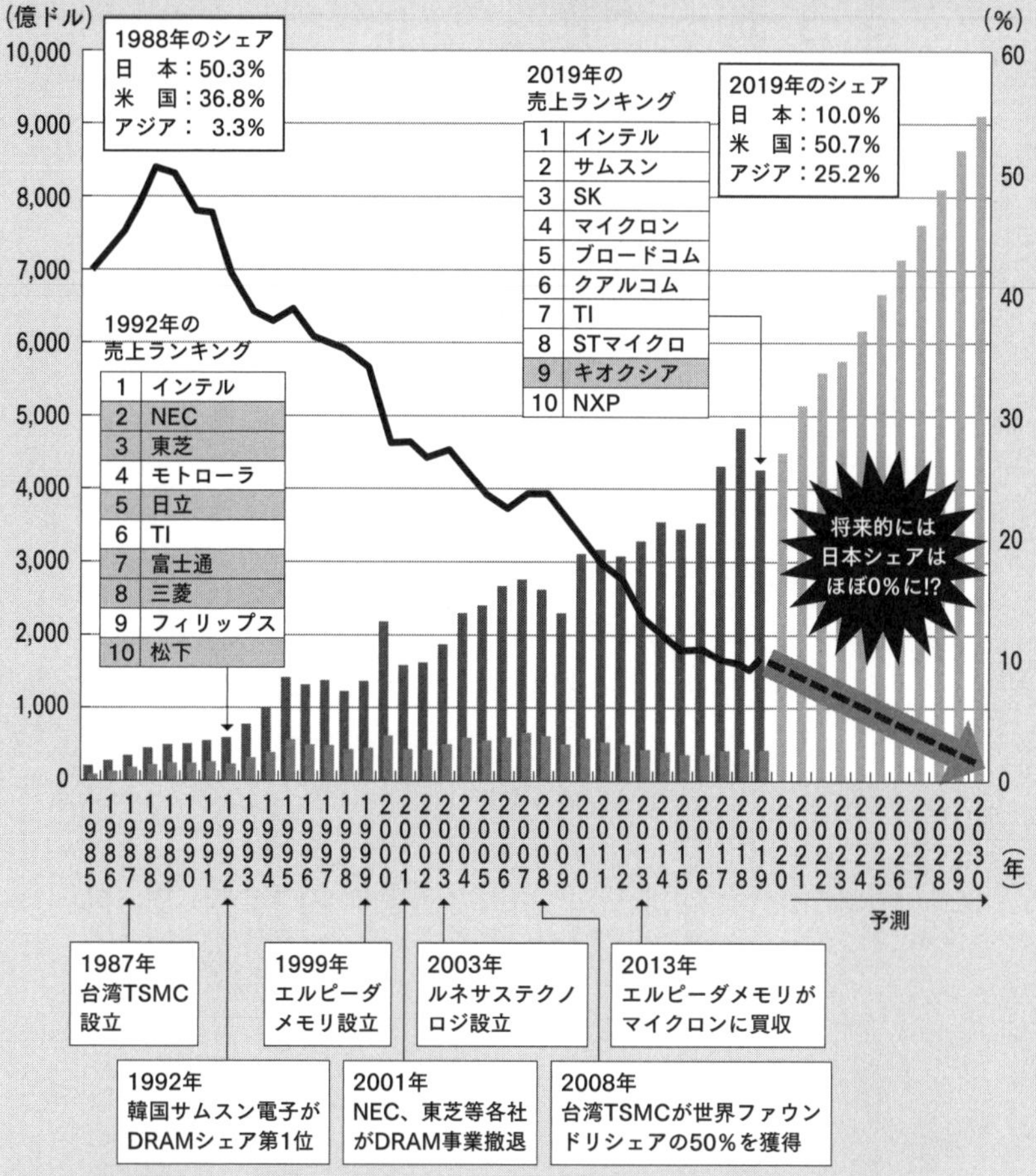

出典　経済産業省「半導体戦略（概略）」2021年6月（Omdiaのデータを基に経産省が作成）

　これは経産省が2年前の2021年に公表したグラフとコメントである。この中で経産省は、「日本の半導体産業の現状」「国際的なシェアの低下」「日本の半導体産業は、1990年代以降、徐々にその地位を低下させた」と書いている。

ている。今年3月に、日本学士院賞を受賞した。日本の希望の星だ。もうひとつ、東工大の小寺哲夫《こでらてつお》研究室のグループが、優れた量子コンピュータの理論を作りつつある。

今年の3月、中村が率《ひき》いる理研の現場は、64量子《キュー》ビットの超伝導量子コンピュータを公開した。国産で初めての量子コンピュータである。中村は富士通《ふじつう》と連携している。

それなのに、ここに五神真と甘利明が組んで、理研の一番上にやって来て、IBMの「ゲート型商用量子コンピュータ」なる127量子ビットのマシン（理論だけ）を、無理やり200億円で東大に売ったのである。

理研が開発した64量子ビットに対して、倍の127量子ビットであるから、「理研超え」と囃《はや》し立てた。しかし実態はオンボロ機械だ。

ラピダスが、ロジック半導体を自力でなんとか国産で開発しようとしているのに、横ヤリを入れて、技術供与という名目でIBMの導入を仕組んだ。自力国産化を目指している現場は怒っている。

ボロのIBMの量子コンピュータを東大に無理やり売った、ということは、東大を1回かませることで、現場の不満を抑えようとした。

ところが五神と甘利がやろうとしたことは、全部バレていた。「バカなことをするな」と、現場で怒号《どごう》が渦巻いた。日本が国産のロジック半導体と、それに連《つら》なる量子コンピュータを、独自開発で作ろうとするのを、アメリカが邪魔するのだ。

●アメリカが日本の半導体メーカーを潰した

半導体作りの現場で生きてきた湯之上隆《ゆのがみたかし》（62歳）氏が、5年前から論陣を張っている。「日本の今の技術陣では、2ナノは作れない。何年かかるか分からない」とハッキリ言っている。この人は京大大学院（原子核工学）を出て日立《ひたち》製作所の研究所に入り、その後エルピーダメモリに出向した。

〝日の丸（国策）半導体〟の始まりのエルピーダは、1999年に、NECと日立のDRAM《ディーラム》（Dynamic《ダイナミック》 Random《ランダム》 Access《アクセス》 Memory《メモリー》　書き込みと読み出しが可能な半導体）の2社の事業部門を統合して始まった。最初の会社名は「NEC日立メモリ株式会社」である。

2002年に優れた〝プロ経営者〟の坂本幸雄《さかもとゆきお》氏が社長（CEO）に就任した。飛躍的に業績が伸びて、東証1部に上場した。しかし2008年のリーマン・ショックで経営が傾《かたむ》き、2012年に4500億円の負債を抱《かか》えて破綻した。それをまんまと、計画どおりアメリカの半導体メーカーのマイクロン・テクノロジー（広島工場）が買収した。今は「マイクロンメモリジャパン」を名乗る。製品は、すべてアメリカに持ち出す。日本企業には売らない。アメリカは、こんな卑劣なことまでやり続けて、現在に至る。

なぜ坂本幸雄がエルピーダに招かれたか。それは1996年の「日米半導体協定」の終結までに、日本は半導体産業をすべて投げ捨てたからだ。1985年から始まった日米半導体（日本いじめ）戦争で、アメリカが徹底的に日本の半導体（IC）生産を攻撃した。ダンピング訴訟の嵐からだ。その逆風を乗り越えようと、坂本幸雄をエルピーダのトップに迎えた。坂本はしぶとく頑張ったが、それでも10年しか保《も》たなかった。

アメリカの嫌がらせの成果が、1986年に締結した第1次日米半導体協定である。中《なか》曽根康弘《そねやすひろ》首相と、ロナルド・レーガン大統領の時だ。その後、第2次協定も結んで、このあと10年間も日本の半導体メーカーを規制して叩き潰《つぶ》した。

この日米半導体協定で、日本からのDRAM《ディーラム》の輸出が規制された。日本でDRAMの値段を決めることができず、アメリカが決めるようにされた。この規制のせいで、日本の電子デバイスの輸出力が激しく急落した。

当時〝産業のコメ〟と呼ばれた半導体市場で、それまで10%だった外国半導体メーカーの国内シェアを20%に強制された。粗悪品（故障が多い）だと分かっていたTI（テキサス・インスツルメンツ）とモトローラ社製を無理やり買わされた。日本の企業は、こっそりとこれらを捨てた。これで日本の大手電機メーカーはボロボロにされた。日本は、〝日米半導体戦争〟に敗れた。

日米半導体協定が締結された1986年の1年前、1985年は、日本は有頂天《うちょうてん》になって〝電子立国〟とNHKの特集番組が囃《はや》した。この直後に、崖《がけ》から落とされたのだ。それから37年経《た》って、今、アメリカの凋落《ちょうらく》が起きて、日本はなんとか、アメリカの軛《くびき》から身を振りほどこうとしている。

1985年に世界の半導体市場で、NECが世界一になった。それまではアメリカの企業が、いつもトップだった。１９７０年代から１９８０年代初めまで（１９８１年）、世界1位はＴＩ（テキサス・インスツルメンツ　Texas Instruments）、２位はモトローラ Motorola が独占していた。

ＮＥＣの売り上げが世界一になると、インテルはＤＲＡＭ《ディーラム》事業から撤退した。あの時、インテルは日米半導体戦争でボロ負けしたのだ。この時から、アメリカから「日の丸半導体を叩き潰せ」と攻撃がかかったのである。アメリカの攻撃の始まりは、１９８２年6月22日に、日立製作所と三菱電機の社員が「ＩＢＭの機密情報を泥棒した」と、産業スパイの容疑でＦＢＩに逮捕された時である。これは完全に囮《おとり》捜査だった。

１９８５年の9月に、あのプラザ合意である。これで1ドル＝１２０円の円高が日本を直撃した。これで日本の輸出競争力がドカーンと落とされた。日本の半導体産業にとっては、日米半導体協定とプラザ合意のダブルショックだ。

● 私は日米半導体戦争の動きを見続けてきた

半導体は、当時はそれを集積したＩＣ《アイシー》という言葉で使っていた。やがてＣＰＵ《シーピーユー》

（central《セントラル》 processing《プロセッシング》 unit《ユニット》　中央演算集積回路）をインテルが開発した。ＣＰＵのおかげで、ＰＣから携帯電話、スマートフォン（スマホ）までができた。

だがＣＰＵを本当に開発（発明）したのは、日本人の**嶋正利**《しままさとし》（東北大学理学部卒。80歳）という技術者である。嶋正利は日本での勤務先（日本計算機販売株式会社。後のビジコン社）の命令で、１９６９年にインテルの本社に行かされマイクロプロセッサを共同開発した。この嶋の能力に目を付けたインテルが、自社に引き抜いた。

そして１９７１年に、インテルは「４００４」というマイクロプロセッサを作った。１個の半導体チップに、２３００個のトランジスタを集積した。これで性能が格段に上がり、小型化に成功した。この「４００４」の開発に、嶋正利が大きく貢献した。設計の仕様書は嶋が書いた。

ＣＰＵを独占したから、90年代まではインテルが強かった。しかし、さらに技術が進んで、インテルでも太刀打《たちう》ちできない時代が来た。何が起きていたのか。

日本を叩き潰すために、台湾と韓国の半導体企業を育てて儲けさせる。これがアメリカの戦略であった。

私は1985年から（私は32歳だった）、日米半導体戦争の動きをずっと見ていた。クライド・プレストウィッツ　Clyde V. Prestowitz が書いた『トレイディング・プレイシズ』〝*Trading Places*〟（日本語訳は『日米逆転』。ダイヤモンド社　1988年刊）という本が出た。プレストウィッツは、アメリカ商務省の交渉官だったが、裏はCIAの高官だ。日本叩きに来た交渉担当である。しかし、人間は正直でいいやつだった。

このプレストウィッツが、「アメリカは負けたのだ。攻守逆転（トレイド・プレイス）したのだ」と、本で書いた。

同じころ、リビジョニスト revisionists と呼ばれる日本研究者たちが出現した。日本への見方《みかた》の修正（リビジョン）をした人々という意味だ。4人いて〝日本叩き（ジャパン・バッシャー）四天王《してんのう》〟と呼ばれた。

⑴プレストウィッツの他に、オランダ人の⑵カレル・ウォルフレン Karel van Wolferen が『日本権力構造の謎《なぞ》』（1990年刊〝*The Enigma of Japanese Powers*〟「エニグマ・オブ・ジャパニーズ・パウアズ」）という大著を書いた。『アトランティック（The Atlantic）』誌編集者の⑶ジェームズ・ファローズ James Fallows は『日本封じ込め──強い日本vs.巻き返すアメリカ』（1989年刊〝*Containing Japan more like*

とにかく舛岡富士雄《ますおかふじお》が偉い

写真　朝日新聞社

東北大学で博士号を取った舛岡富士雄は、東芝に入社してフラッシュメモリーを発明した。しかし東芝は、舛岡が発明したNAND型フラッシュメモリーのすごさが分からず、舛岡は東芝を辞めた。

ところが、このあとスマホブームが起きて、フラッシュメモリーは爆発的に売れた。舛岡は東芝を相手取って裁判を起こしたが、和解金はたったの8700万円だった。今からでも舛岡の偉大さを顕彰せよ。

舛岡富士雄の主な経歴

1943年、群馬県高崎市に生まれる(80歳)。1966年、東北大学工学部電子工学科卒業後、大学院工学研究科電子工学専攻修士課程に進学。1971年、博士後期課程修了。工学博士。東芝に入社する。

1980年に、NOR型フラッシュメモリーを発明。1986年には、NAND型フラッシュメモリーを発明した。

1994年、東芝を退社して、東北大学大学院情報科学研究科教授に就任。10年後の2004年、日本ユニサンティスエレクトロニクス株式会社に入社して、最高技術責任者(CTO)になる。

この年の3月に、東芝を東京地裁に提訴。自分が発明したフラッシュメモリーの特許の対価として、10億円の支払いを求めた。だが、2年後の2006年に成立した和解では、東芝の支払額は、わずか8700万円だった。

2007年に紫綬褒章を受章。以後、2013年に文化功労者、2016年に瑞宝重光章を受章、2018年に本田賞(ホンダが設立した本田財団が顕彰する賞)を受賞した。

現在も研究者として精力的に研究活動を続けている。

us ”）を書いた。そして、大著『通産省と日本の奇跡』（TBSブリタニカ。1982年刊。原題は “*MITI and the Japanese Miracle* ”）を書いた⑷チャルマーズ・ジョンソン Chalmers Ashby Johnson 博士である。

私は2004年に、チャルマーズ・ジョンソンに手紙を書いて、それからアメリカの彼の自宅まで会いに行った。日本政治研究の泰斗《たいと》である。彼ら「ジャパン・バッシャー4人組」は決して、日本腐《くさ》し人間の愚《おろ》か者たちではない。逆に大変秀《ひい》でた日本理解者たちだ。この4人を日本叩き論者と腐《くさ》して意図的に貶《おとし》めた者たちこそは、ワルの日本操《あやつ》り班（ジャパン・ハンドラーズ）たちだった。

このように、1985年からずっと日米関係を見ていたから、私は全体像が分かる。私はそのころからずっと彼らの研究を追いかけてきたのだ。

●東芝はNAND型フラッシュメモリーの発明者を冷遇した

ここで私は、ものすごく大事なことを書き立てなければいけない。

舛岡富士雄《ますおかふじお》（P187の写真。現在80歳、1943年生）という偉い人がいる。この人は本当に偉い。東北大学大学院で工学博士の学位を取り、１９７１年に東芝に入社した（28歳）。東北大学では、ノーベル物理学賞の候補にもなった天才、西澤潤一《にしざわじゅんいち》の研究室で学んだ。

舛岡富士雄は、１９８０年にＮＯＲ《ノア》型フラッシュメモリーを発明した。そして６年後の１９８６年に、ＮＡＮＤ《ナンド》型フラッシュメモリーの開発に成功した。ＮＡＮＤ型は、ＮＯＲ型を進化させたフラッシュメモリーだ。フラッシュメモリーとは、一番分かりやすく言うと、私たちに身近なＵＳＢやＳＤカードに使われている。電流がなくても情報が記憶、保存されている超《ちょう》便利な機器だ。どこへでも持ち運べる。Ｐ211でさらに説明する。

ところが舛岡博士は、ＮＡＮＤ型を発明した後、東芝の中でひどい目に遭《あ》った。東芝はＮＡＮＤ型の価値が分からなかった。嫉妬《しっと》と妬《ねた》みで分かりたくなかった。舛岡はろくな研究をさせてもらえず、１９９４年に東芝を辞めた（51歳）。

このあと、東北大学の教授を10年務めて、定年後の２００４年から日本ユニサンティスエレクトロニクスというベンチャー企業の最高技術責任者（ＣＴＯ）になっている。

東芝は、NAND型フラッシュメモリーがあまりにも高性能、高技術なので、舛岡が発明したNAND型のすごさが分からなかった。だから1992年には、インテルとサムスンにNAND型を技術供与した。ほとんどただであげてしまったのだ。何というバカなことをしたものだろう。これがP166で前述した、6つの半導体のうちの②だ。大変重要な半導体だ。これを日本人の学者、技術者が、ひとりで開発、いや発明、いや発見したのだ。フラッシュメモリーという言葉もNAND（ノットアンド）も、舛岡が自分で作って命名したという。何ということだろう。

今の東芝の苦難は偏《ひとえ》に、舛岡をイジめたことにある。それなのに、舛岡が作ったフラッシュメモリーの会社である「東芝メモリ」（半導体メモリー事業部門を2017年に分社化してできた。現キオクシア）を、2018年にパンゲア Pangea という買収会社に2兆円で売り払って、東芝本体の社員たちが、この5年間を食いつないだ。東芝本体は、ようやく、日本政府と銀行たちが連合体で買い戻した（2023年9月）。東芝は上場廃止になっている。

舛岡富士雄は、紫綬褒章《しじゅほうしょう》（2007年）や文化功労者（2013年）などの名誉は、

DRAMとフラッシュメモリー(NORとNAND)の市場規模の推移

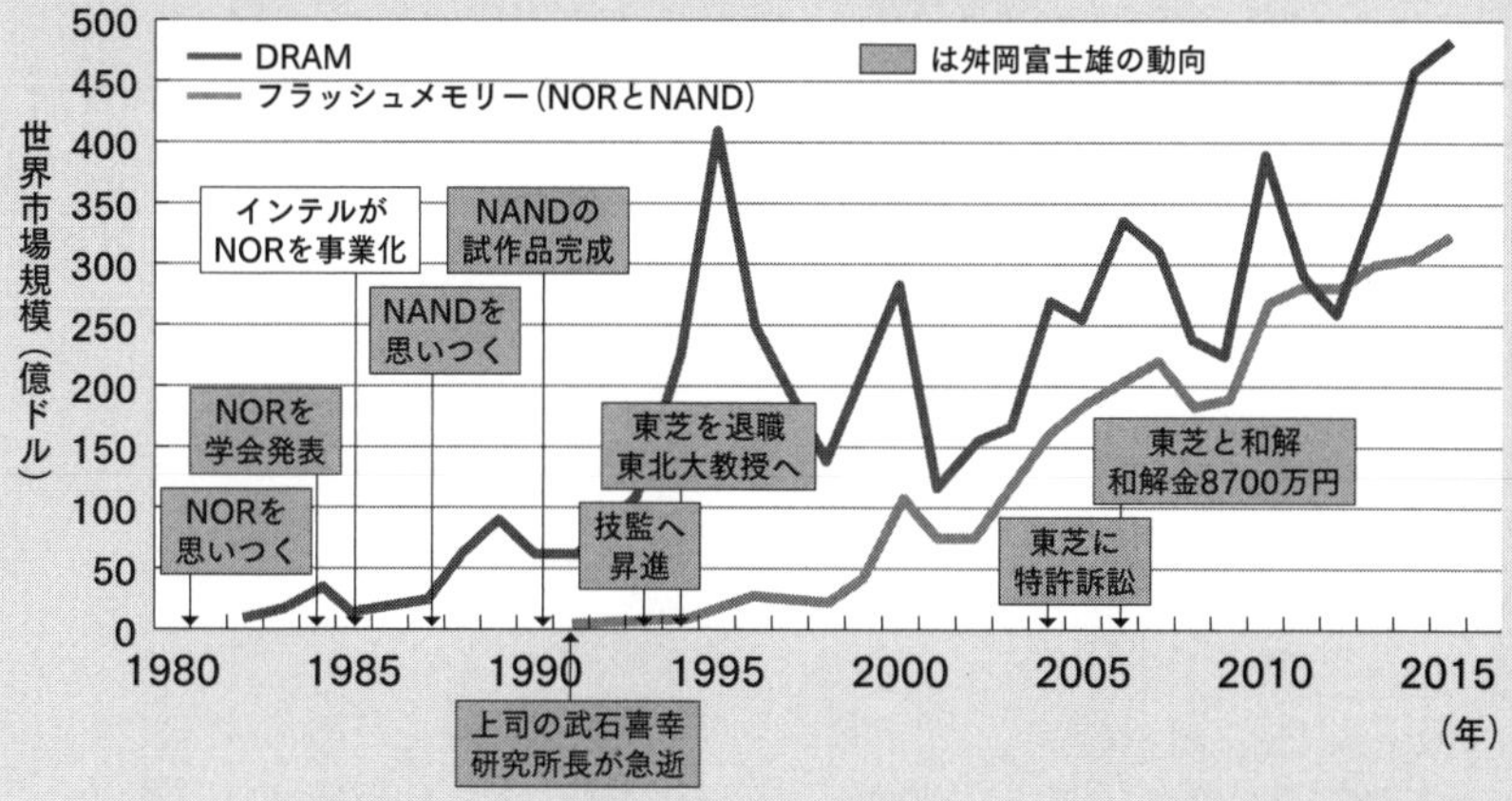

出典　「ビジネスジャーナル」誌(電子ジャーナル『半導体データ』などを元に湯之上隆氏作成)

たくさん貰《もら》っている。ところが、今の今も舛岡を褒《ほ》め称《たた》える技術系の言論人がひとりもいない。何ということだろう。だから不肖《ふしょう》、無力だが私がやる。

舛岡は退職したあとも、怒りは収《おさ》まらなかった。だから2004年3月に、東芝を相手取って裁判を起こして、東京地裁に提訴した(61歳)。

「自分が発明したNAND型フラッシュメモリーの特許で、東芝は200億円の利益を得た。そのうち20%は発明した自分が貢献した。だから私には40億円を対価として受け取る権利がある。その一部の10億円を支払え」というのが原告(舛岡)の訴えである。舛岡のフラッシュメモリーの発明の大業績は、今や14兆円（1000億ドル）ぐらいの価値がある。それを、なんと40億円と、ちっぽけに見積もったことか。

2年後の2006年7月に、東芝との和解が成立した。東芝は舛岡に、たったの8700万円を支払うことで決着した。舛岡本人は今も不愉快のままだろう。

舛岡が裁判の訴状で書いているが、舛岡が辞めた（2003年）あと、東芝のフラッシュメモリーが売れに売れて、200億円の大きな利益を上げた。フラッシュメモリー（スマホ）の時代がドカーンと到来したのだ。

スマホ用に使われることになったフラッシュメモリー（の事業部門）は、東芝本体から2017年に分離されて、東芝メモリとなった。2年後の2019年に、商号変更して、今のキオクシア（KIOXIA）になった。

東芝は、2000年から経営が大きく傾《かたむ》いて、2015年には経営陣が粉飾《ふんしょく》（ドレッシング dressing）決算事件を起こした。前述したように、東芝メモリを切り離して売却した。その金《カネ》で東芝が生き残れた。2017年には、東証2部に降格していた。

●キオクシアとWD、経営統合の裏で……

キオクシアの工場は今も三重県の四日市《よっかいち》市にある。アメリカのWD（ウエスタンデジタル社）と共同出資の形で作った。まだ40・64％は東芝本体が株を持っている。ここでNAND型のフラッシュメモリーを製造している。キオクシアとウエスタンデジタルを統合する動きがあった。だが、この統合の交渉は打ち切られた（2023年10月）。

もっと本当は、SK《エスケー》ハイニクス（韓国の企業）が、キオクシアの株の15％を持っていて狙っていた。SKハイニクスの裏側には、実は中国がいる。中国が、どうしても② フラッシュメモリー半導体を欲しいのだ。WDとSKハイニクスの攻め合いである。

「キオクシアとWD経営統合、3メガなど2兆円の融資で支援─関係者」

キオクシアホールディングスと米ウェスタンデジタル（WD）の経営統合を支援するため、三井住友銀行など3メガバンクが最大2兆円の融資実行に向けて検討に入った。（略）複数の関係者が匿名を条件に明らかにした。

同関係者らによると、2兆円の内訳は、融資1兆6000億円とコミットメントライン（銀行融資枠）4000億円。融資のうち3000億円を日本政策投資銀行（DBJ）、残りの1兆3000億円を三井住友銀行、みずほ銀行、三菱UFJ銀行が均等で担《にな》う方向だ。（略）

同関係者らによると、キオクシアとWDは共同で持ち株会社を設立する。出資比率はWDが50・5％、キオクシアが49・5％。持ち株会社の下にNAND型フラッシュメモリーを生産するキオクシアなどの事業子会社をぶら下げる。フラッシュメモリー事業子会社は当初、ナスダック市場での上場を維持するが、将来は東京での上場を目指す。

（ブルームバーグ　2023年9月20日）

記事に「持ち株会社の下にNAND型フラッシュメモリーを生産するキオクシアなどの事業子会社をぶら下げる」とあるように、②フラッシュメモリーは、①のロジック半導体と同格の重要性を持っている。

前述したが、このフラッシュメモリーという言葉自体を舛岡富士雄が作ったのである。

「メモリー（メモリ）」という言葉が重要で、電気（電流）が通っていなくても記録した情報を記憶する。簡単に言えば、USB《ユーエスビー》（Universal《ユニバーサル》 Serial《シリアル》 Bus《バス》）メモリーの技術だ。今ではこれを、私たちが気軽に持ち運んでいる。その前はFD（フロッピーディスク）だった。

「フラッシュ」flash とは「ぱっと光る」とか「点滅する」の意味がある。半導体の分野では、「切断する」だ。電気（電流）を止めてもいい、という意味が「フラッシュ」という単語に含まれているらしい。瞬間で止める。しかも止まった状態で情報の記録を保存することができるという思想《イデー》である。

だから舛岡富士雄が重要なのだ。それなのに、彼は葬《ほうむ》り去られた。かわいそうだ。本当にこの人を今からでも私たちは褒《ほ》めなければいけない。こういう人が日本の財産で宝物《トレジャー》なのだ。

●中国の技術がアメリカを凌駕《りょうが》する

舛岡が発明（発見）したNAND型フラッシュメモリー半導体と、量子《クアンタム》コンピュータの関係はどうなっているのか。私は、つながっていると思う。

　中国は12年前の2011年、宇宙科学先導特別プロジェクトを始めた。オーストリアのウィーン大学のアントン・ツァイリンガー博士（2022年、ノーベル物理学賞受賞者）と長年にわたって組んで、量子暗号通信 Quantum《クアンタム》 Cryptographic《クリプトグラフィック》 Communication《コミュニケーション》 という技術を成功させた。これはまだ量産、工業化はできていないけれども、軍事用にきわめて重要な技術だ。


　軍事通信は、敵に盗《と》られたら終わりである。戦争に負ける。

　この量子暗号通信技術では、中国がダントツである。アメリカは完全に負けてしまった。もし敵に軍事通信の暗号が破られている（暗号解読《デサイファア》される）のが分かったら、量子暗号だと瞬時に通信内容が溶《と》けて消えるらしい。この量子暗号通信を、アメリカは負けないように必死でやっているのだが、この分野でも中国の技術者が凌駕《りょうが》してしまった。量子コンピュータが入っているからだ。

　私はこれらのことを、すでに『アメリカ争乱に動揺しながらも　中国の世界支配は進む』（2021年1月、ビジネス社刊）で書いた。このあとの2年間でさらに研究開発が進んでいる。

中国が世界に先駆けて、初の量子通信衛星である「墨子《ぼくし》」を2016年8月に打ち上げた。これは〝21世紀のスプートニクショック〟と呼ばれる。私は自分の中国研究の本で、宇宙開発の名を借りて中国とアメリカとの世界覇権《はけん》争いが熾烈《しれつ》に続いていることを描いた。中国の量子力学系の天才物理学者たちを、ひとりずつ紹介しながら説明した。ぜひ買って読んでほしい。

日本にも量子コンピュータ研究で才能のある科学者たちが他にもいる。東京工業大学の西森秀稔《にしもりひでとし》特任教授たちである。彼の研究室には、中国人や韓国人の研究者も入っている。このことをアメリカがイヤがって、前記のＩＢＭの技術供与を押し売りした話があるのだ。

西森教授は、おそらく前述した中村泰信に続く学者だ。

繰り返すが、中村泰信の理研《りけん》は富士通と組んで、自力の国産の量子コンピュータ開発をやっている。それを文部科学省も後押ししている。

それに対して、前述したように経産省の中のアメリカの手先官僚たちが、日本のラピダスにもＩＢＭのマシンを導入しろと強要している。導入（技術供受）しろも何も、元々、量子コンピュータを作ったのは日本の中村泰信である。自分たちでできると言っているのに、無理やりアメリカが介入してきて、バカなことをやっている。

●中国が主導する世界最先端企業連合

ロジック半導体の線幅を微細に加工する技術で、ラピダスはＩＢＭの技術の導入を無理《むり》強《じ》いされている。華々しく、仰々《ぎょうぎょう》しく、線幅2ナノ以下の半導体を製造できる新工場の建設を吹聴《ふいちょう》している。そのためにオランダのＡＳＬＭ《エイエスエムエル》（フィリップスの子会社）から、超微細ＥＵＶ露光装置を50台とか、特別に買って動かすのだそうだ。そのための技術者の育成で、ＴＳＭＣから３００人の指導技術者がすでに日本に来ている、とか喧伝《けんでん》している。その起工式が9月1日に行なわれた。２０２４年には完成する予定だという。

「先端半導体国産化へ「Rapidus（ラピダス）」新工場 起工式」

国の支援のもと、先端半導体の国産化を目指す「ラピダス」は、北海道千歳《ちとせ》市に建設する新工場の起工式を行ない、4年後の量産化に向けて本格的に始動した。

この会社は、世界でまだ実用化されていない、回路の幅が2ナノメートル以下の先端半導体の量産化を目指す。

新工場では2025年に試作ラインを作り、2027年ごろの量産化を目指す。国もこれまでに3300億円の支援を行なうと決めている。

一方、韓国のサムスンと台湾のTSMCも2ナノメートル以下の先端半導体の実用化を目指していて、開発のスピードが競争の鍵となる。

（NHK　2023年9月1日）

来年（2024年）の10月に工場が完成して、オランダのASMLの2ナノの製造機械を入れるらしい。2025年4月には試作ラインが完成すると言っている。だが、前記の湯之上隆氏は「（2ナノは）日本では、できない」とあちこちに書いている。「何年かかるか分からない」と言う。

私は、このナノ競争の話も、来年になったらまったく別の話に変わっていると思う。なぜなら、TSMC（モリス・チャン）も、サムスン（李在鎔《イジェヨン》）も、大きくは親《しん》中国派（Pro《プロ》 China《チャイナ》）であるから、すべては中国主導による世界先端企業連合になっているだろう。もうそこには欧米白人たち主導の先端技術はない。

生き残るのは、イーロン・マスクのスペイスXが持つスターリンク（Star link）の民間用の通信技術と、ハイパーループ（Hyperloop）による超高速の移動手段《モビリティ》（摩擦と抵抗をほぼゼロにする）の開発だろう。テスラ・モーターのEV《イーヴィ》（電気自動車）も、バス、トラック以外は無用として捨てられるだろう。

●「台湾有事」と騒ぐな

Apple《アップル》製品（iPhone《アイフォン》やiPad《アイパッド》）の9割以上は、フォックスコン（富士康《こう》 Foxconn）が中国各地の工場で作っている。フォックスコンの中国での商号は「ホンハイ」（鴻海科技集團）である。

フォックスコンは、テリー・ゴウ（Terry Gou 中国名は郭台銘《グオタイミン》、現在73歳）という台湾人が創業した（1974年）。1988年に中国に進出して、深圳《シンセン》で最初の工場を作った。それからフォックスコンは急成長して、世界最大のEMS《イーエムエス》（electronics《エレクトロニクス》 manufacturing《マニュファクチャリング》 service《サービス》）企業になった。

EMSとは、電子機器を受託《じゅたく》生産する。すなわち請負《うけおい》（下請《したう》け）企業である。だが、単なる下請けとは違って、自分で部品を調達したり、完成した製品の流通・販売もしたりする。

フォックスコンを世界最大のEMSに育てたテリー・ゴウは大富豪になった。2016年には、液晶テレビ「アクオス」の亀山《かめやま》モデルで高品質で評判だった日本のシャープを買収した。シャープが、中国製との価格競争に負けた。

フォックスコンは世界14カ国に工場（生産拠点）がある。内訳は中国（9つの大都市）に13、インドに1、ヨーロッパに2（チェコとスロバキア）、メキシコに1、ブラジルに3である（2023年現在）。この生産設備が作り出す電子機器は、世界シェアの40％ぐらいを占めている。私は3年前に、深圳に調査に行って、弟子たちとフォックスコンの工場や、ドローン作りの世界最大企業DJIの周りを歩き回った。

フォックスコンのテリー・ゴウは、２０２４年に行なわれる台湾の総統選に、国民党から出馬すると宣言した。「私は、アメリカのトランプと付き合える」とずっと発言してきた。今年（２０２３年）の8月に、国民党からではなく、無所属で立候補すると発表した。次の総統選挙は来年（２０２４年）1月である。最も有望なのは、柯文哲《かぶんてつ》（元台北《タイペイ》市長。若者に人気がある）である。彼は台湾民衆党を作った。この柯分哲とテリー・ゴウが組んでいる。この2人は、大きくは親中国《プロチャイナ》である。私は、民進党（親アメリカ。台湾独立派）の頼清徳《らいせいとく》は負けると予測したが、５５８万票で当選した。

アメリカは、テリー・ゴウと柯文哲は裏で中国共産党とつながっていると見ている。台湾の国民党は、もう歴史の役割を終えて消えつつある。中国共産党としては、かつて戦争もしてきた国民党（蔣介石《しょうかいせき》）よりも、別の新しい親中国《プロチャイナ》の指導者が出て来てくれたほうがいい。このようにして台湾は、平和的に少しずつ中国寄りになってゆく。そして、やがて中国の23番目の省になる。

だから台湾で、中国との戦争が起きるわけがない。台湾軍の軍人の8割は中国と戦う気はない。「自分たちは中国人だ」と思っている。残りの2割は反共右翼《はんきょううよく》と法輪功《ほうりんこう》（統一教会の中国版）のような連中である。それなのに日本は「台湾有事」と騒いでいる。日本国内の統一教会の勢力に煽動《せんどう》されているのである。

●アップルの製品は、ほとんど中国製だ

アップルのスマホは、ほとんど中国で作っている。アップルの株の時価総額は3兆ドル（400兆円）で、今や世界トップ企業である。アップルがいくら世界で最大の企業だ、と言っても、ここのスマホ iPhone《アイフォン》（今は15が最新）は、すべて中国製なのである。鴻海＝Foxconn《フォックスコン》がすべて作っているのだ。このことを指して私たちは、本当に Apple《アップル》 製品がアメリカ製品だ、と言える（思える）のだろうか。

私は、アップルは中国製だと思う。そのように「なーんだ。アメリカの巨大企業と言ったって、中国企業なんじゃないの」と私たちは考えを変えるべきなのである。ごく一部はベトナムとインドで部品を作っている。前述したフォックスコンと台湾のペガトロン Pegatron が、EMS（下請け）でアップル製品の90%を製造している。アイフォン iPhone もアイパッド iPad も、すべて中国の工場で完成されている。

繰り返すが、ＥＭＳとは、電子機器の製造を請け負《うお》う企業（工場）のことだ。このような企業たちの中で、特に半導体の受託生産（下請け製造）をする企業を「ファウンドリ」foundry と呼ぶ。Ｐ137とＰ169で前述したＴＳＭＣが、ファウンドリの代表である。フォックスコンもそうだ。

ファウンドリの元々の意味は「鋳造所《ちゆうぞうしよ》」だ。溶《と》かした金属を型《かた》に流し込んで、鉄瓶《てつびん》とか鍋《なべ》を作る鋳物《いもの》工場である。冶金《やきん》工学である。これが半導体作りでは、アメリカのデザイナー（創意工夫者）たちが作った設計図（設計データ）どおりに、半導体を実際に泥だらけになって製造する工場のことを、限定的に指して使われている。だからやっぱり下請け会社のことだ。

このファウンドリを短く「ファブ」fab とも言う。これは、「ファブリケーション・ファシリティ」fabrication facility（製造設備。工場のこと）を略したものである。「ファブリケーション」には、「原料から何かを組み立てる」とか「作り話」の意味があるが、元々はテキスタイル（繊維《せんい》産業）から生まれた。「ファブリック」fabric が「織物《おりもの》」

世界のトップ企業の番付表
（2023年9月末の時価総額）

1	アップル	2兆6767億ドル
2	マイクロソフト	2兆3459億ドル
3	アマゾン・ドット・コム	1兆3116億ドル
4	エヌビディア	1兆744億ドル
5	テスラ	7942億ドル
6	アルファベット（A株）	7764億ドル
7	アルファベット（C株）	7648億ドル
8	メタ（2022年6月から）	6672億ドル
9	イーライ・リリー	5099億ドル
10	エクソン・モービル	4687億ドル
11	ユナイテッドヘルス・グループ	4670億ドル
12	バークシャー・ハサウェイ	4582億ドル
13	メタ（2022年6月以前）	4510億ドル
14	TSMC	4507億ドル
15	ウォルマート	4304億ドル
16	JPモルガン・チェース	4214億ドル
17	ノボ・ノルディスク	4067億ドル
18	ジョンソン＆ジョンソン	3750億ドル
19	マスターカード	3701億ドル
20	ビザ	3696億ドル

出典　Largest Companies by Market Cap

エヌビディアの株価
（1年間）

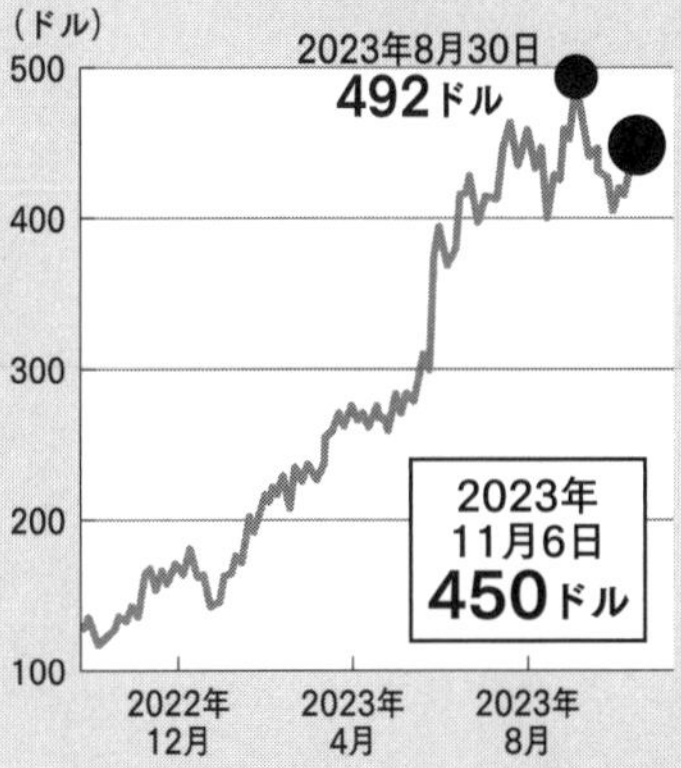

エヌビディアは今から30年前の1993年に、台湾系アメリカ人のジェンスン・フアンが創業した。本社はカリフォルニア州のサンタクララにある。

1999年に、PCゲーム用のGPU（グラフィックス・プロセッシング・ユニット。画像処理半導体）を発明した。それ以後、CG（コンピュータグラフィックス）の処理技術を高めて、業績が伸びた。今はPCだけでなく、ロボットや自動運転の分野にも進出している。M＆Aで会社をどんどん大きくした。株価が上がり過ぎて、もうすぐハジけるだろう。

で、「ファブリケイト」fabricate が「織る」「編《あ》み上げる」である。半導体作りは編み上げる感じだ。

それに対して、工場を持たないで半導体の設計だけする企業を「ファブレス」fabless と呼ぶ。これは「ファブリケーション・レス」fabrication less の略で、設計屋さんである。代表的な会社に、クアルコム Qualcomm、ブロードコム Broadcom、そして後述するエヌビディア NVIDIA がある。アップルもそうだ。だが、グーグル（アルファベット）のように製品を作らず、ネット（Web《ウェブ》）上の映像技術だけ（代表はユーチューブ、グーグル・アース）の企業はファブレスではない。アマゾンは、本のウェブ（ネット）書店から始まって、物流《ぶつりゅう》で生きている。特許もたくさん持っているが、あくまで流通商人である。


前述したモリス・チャンのTSMCは、徹底したファウンドリで、請負（下請け）仕事だ。ところがこの30年間、そう言いながら（そういうふりをしながら）製品作りの途中であらゆる最先端技術を盗《と》ってしまった。

だからアメリカが、この事実に気づいて慌てた。それで、今度は急に「日本に工場を作れ」と言い出した。アメリカは、日本を１９８６年（37年前）に叩き潰して、韓国（サムスン）と台湾（TSMCとFoxconn）を育成した。そのあと急激に成長した。中国に先端技術を渡さない、と動き出した。しかし、もう遅かった。中国に10ナノ以上の半導体を作る技術を絶対に渡すな、という厳しい戦いをやったのに、中国に打ち破られてしまった。

●ＧＡＦＡ＋Ｍの「土台」となる半導体企業が重要だ

ＧＡＦＡ《ガーファ》＋Ｍ《エム》（Google《グーグル》、Amazon《アマゾン》、Facebook《フェイスブック》〔現Meta《メタ》〕、Apple《アップル》＋《プラス》Microsoft《マイクロソフト》）の巨大通信会社たちは、その基礎、土台のところで、ずっと説明してきた先端半導体の技術企業の上に載《の》っているのだ、と大きくは考えるべきだ。ＧＡＦＡ＋Ｍたちは、ただの通信屋、映像屋にすぎない。大事なのは、その土台となる半導体企業だ。

このＧＡＦＡ＋Ｍを追いかけて、前述したエヌビディアの時価総額が1兆ドル（１４０兆円）になった（２０２３年5月）。テスラ・モーターを追い抜いた（P205の表）。このエヌビディアは通信屋ではない。ただのファブレス（設計屋さん）である。自分で製品をまったく作らない。
アメリカの会社ということになっているが、創業者はジェンスン・ファン（Jensen Huang　黄仁勳　60歳）という台湾生まれの男である（P167にTSMCのモリス・チャンと握手する写真を載せた）。

このエヌビディアは、繰り返すが、半導体のファブレス企業の設計屋である。生産設備（工場）をまったく持っていない。その代わり、GPU《ジーピーユー》（Graphic《グラフィック》 Processing《プロセッシング》 Unit《ユニット》　画像処理用の半導体）なるものの特許の7〜8割を持っていて、ダントツである。どうも、このGPUが動画配信に必須らしい。
エヌビディアが設計したGPUは、日本の東京エレクトロンやTDKなど日本企業が下請けとなって、サプライチェーン（supply chain）になっている。サプライチェーンは、親会社がする組み立て完成品作りのために、原材料の調達から、あらゆる部品製造、販売までをする子会社の群れである。

GPUは、動画の鑑賞や3D《スリーディー》（3次元）画像の編集を行なう半導体だ。このGPUを内蔵したスマホでゲームをする人口が爆発的に増えた。それでエヌビディアはイーロン・マスクのテスラの後を追って巨大企業の仲間入りをした。

だが、エヌビディアの株価は上がり過ぎた。私は暴落するだろうと思っている。ファブレスがいつまでも威張っていられる時代ではない。どうやら、下請けの、実際にもの作り（monozukuri）をする製造業のほうが、これから実力を発揮する。口ばっかりのアメリカさまの時代が終わりつつある。

●ナノチップ製造に必要な露光装置

半導体の生産は、大きく3つの段階に分けられる。①半導体を設計する「設計固定」と、②基板《きばん》（シリコンウェハーと言う）の上に電子回路を貼りつける（転写する）「前工程《まえこう》《てい》」と、③基板から半導体を切り出す「後工程《あとこうてい》」である。

②の「前工程」が重要だ。この前工程で数ナノという微細な構造を、正確に作らなければいけない。だから精密に作動する製造装置が必要になってくる。

そこで前述した2ナノの半導体（ナノチップ）を作るために、オランダの製造装置の会社（メーカー）であるＡＳＭＬ《エイエスエムエル》（Advanced《アドバンスト》 Semiconductor《セミコンダクター》 Materials《マテリアルズ》 Lithography《リソグラフィー》）社から機械を輸入して据え付けなければならない。そこで１０００人、１５００人の優秀な技術者が育たなければ、２ナノを作れないのである。

　このＡＳＭＬは、１９８４年に、オランダのフィリップス（医療機械の大手）が合弁《ごうべん》会社として設立した。つまりフィリップスの子会社だ。

　このＡＳＭＬが突出しているのは、「極端紫外線《きょくたんしがいせん》露光装置」という半導体製造装置を、２０１８年に開発したからだ。この極端紫外線（ＥＵＶ《イーユーヴイ》 Extreme《エクストリーム》 Ultraviolet《ウルトラバイオレット》）に意味がある。超微量の光を当てることで微細加工するらしい。今はＴＳＭＣとインテルだけが、ＡＳＭＬの極端紫外線露光《ろこう》装置（フォトリソグラフィー、ステッパー）を据え付けて、５ナノから７ナノの半導体を製造している。

　２ナノの半導体を量産するには、この露光装置を50台から１００台、オランダから輸入しなければならない。１台が１００億円以上する。これでなんとか2ナノの製造ができかかっているのが、ＴＳＭＣとサムスンだ。北海道に建設中のラピダスの工場は、これを50台ぐらい買うらしい。ところが、だ。この露光装置だって、元々は、日本のニコン

（Nikon　カメラレンズ専業から始まった）が、初めは開発したというのである。何をか況《いわ》んやの世界だ。

●NAND型について、副島隆彦が説明する

ここから、今まで書いてきたNAND型について説明する。以下は私、副島隆彦の考えである。勝手な思いつきと言われてもかまわない。

NANDとは「Not《ノット》 AND《アンド》」である。

例えばAとBがあった時、「Aかつ（アンド）B」がある。それから「AまたはB」がある。「A or B」である。

次に「AでもBでもない」がある。「A nor B」である。ここから nor 型（NOA型）フラッシュメモリーを舛岡は作った（1980年）。

この3つの命題《めいだい》に、さらに「AかつBでもない」というのがある。これが、「Not ANDの」で「NAND」だ。だからこの思想《イデー》から生まれたNAND型フラッシュメモリーは、ものすごい考え方なのである。

コンピュータは、「0」と「1」の2進法の信号でできている。つまりAかBか、だ。Cはない。1、2、3の3はない。

そうすると、「AかBか」の次に、「Aでもない、Bでもない」という命題が、アリストテレス以来ある。だが、それを解くのは、西洋白人には無理のようだ。どうやらアジア人にしかできない。なぜか。その大きな謎を私、副島隆彦が解いた。「アジア人の思想には、ジャン・ケン・ポンがある」と。欧米白人にはジャン・ケン・ポンの三すくみの構造がないから無理なのだ、と解いた。


欧米白人がやるのは、コイン・トス toss the coin だ。10セント（ダイム）のコイン（硬貨）を宙にポンと投げて、手の甲で受ける。表か裏か、だ。AかBしかない。

しかし、それでもAでもBでもないものが、どうもこの世には存在するようである。亡霊《ソウル》、霊魂《スピリット》のようなものだ。決してCではない。AかBかしか実在しないのである。それでも、AでもBでもないもの（波動？）を前提にすることで、NAND《ナンド》型フラッシュメモリー半導体は作られた。舛岡富士雄によって発明《インヴェント》された。これが、どうも量子コンピュータにまでつながっている。そうではないもの。Aでもない、Bでもないもの、は存在する。

これは「中立命題《ちゅうりつめいだい》」とか「背反律《はいはんりつ》」と言って、アリストテレスが大成した西洋の論理学（ロジックス logics）では、嫌われてきた。存在するはずがないもの、として嫌われた。

ところが、ＮｏｔＡＮＤとＮｏｔＯＲの考え方で、ＮＡＮＤ型フラッシュメモリーが舛岡富士雄によって作られた。これはどうやらアジア人にしかできない。かつ、それをさらに進んでいったところにある量子コンピュータの開発も、アジア人にしかできないだろう。

２０１８年からトランプ政権が始めた中国との半導体のケンカで、アメリカは中国のファーウェイに輸出規制をかけた。ファーウェイは痛めつけられて、ＴＳＭＣからの部品が入らなくなってスマホの最高品が作れなくなった。販売は、年間４０００万台が４００万台まで落ちた。この5年間で、かなり痛めつけられた。

ファーウェイＣＥＯ《シーイーオウ》の任正非《じんせいひ》の娘である孟晩舟《もうばんしゅう》（ファーウェイの副会長でもあった）

がカナダで逮捕された（3年後の2021年9月に、司法取引で中国に帰国した）。

アメリカは「ファーウェイに先端の半導体技術を渡さない」と、目の敵《かたき》にした。

ところが、ここまでずっと書いてきたとおり、ファーウェイは、ついに「Mate《メイト》 60 Pro」という7ナノの線幅のプロセッサを組み込んだスマホを量産することに成功して発売した（8月29日）。かつ5・5G《ジー》世代のスマホは、ファーウェイが世界で先頭を走っている。

さらにこれが6G《シックスジー》になると、まさしく量子コンピュータだと言われている。この6Gにもファーウェイは着手している。2ナノのロジック半導体作りもファーウェイは、すぐに超えてゆくだろう。

この8月29日に、北京にジーン・レイモンドウ米商務長官（女）が来ていた。この米商務省が中国半導体叩《たた》きの指令本部《しれいほんぶ》である。血相《けっそう》を変えたレイモンドウ女史は、言葉を失ってアメリカに逃げ帰った。

あとがき

この本を書き上げて、私の頭の中ではっきりと纏《まと》まったのは、私が作った**「お金も（退《たい》蔵《ぞう》していると）腐《くさ》るのだ」**理論である。これは、経済学理論としてきわめて斬新《ざんしん》なものであり、おそらくこれまで誰も提言しなかった。私はすでに、アメリカ理論経済学（近代経済学《モダーン・エコノミックス》の現代版）は、学問《サイエンス》としては死んで絶滅した、という本を1冊書いている。『経済学という人類を不幸にした学問』（日本文芸社、２０２０年刊）である。

アメリカ帝国の〝衰退と没落（decline《デクライン》 and《アンド》 fall《フォール》）〟が誰の目（頭）にも明瞭になって来た。それは世界政治の勢力論としてだけでなく、金融・経済の領域では、米ドルによる世界一極支配が一気に崩れつつあることからも分かる。世界貿易の決済通貨としての米ドルの比率は、もうすぐ50パーセントを割るだろう。

英と米がウクライナ戦争を用意周到に、虎視眈々《こしたんたん》と仕掛けて、ロシアのプーチンを罠《わな》に嵌《は》めようとした。ロシアルーブルを国際送金決済システム（SWIFT《スウィフト》）から遮断《しゃだん》し、追放した（2022年2月）。そのことで、かえって、現在も続く金ドル体制（およびドル石油体制）が動揺し、打撃を受けた。そして中東産油諸国（アラビア、イスラム圏）が、アメリカの支配から脱出しつつある。このことによく表われている。

私が本書で唱導《しょうどう》する「お金《マネー》も腐《くさ》る」論は、米ドルという通貨《カレンシー》の信用崩壊は、その背後にある「10年物《もの》米国債の暴落」という債券市場《ボンド・マーケット》で長期金利がハネ上がってゆくことが、今のアメリカの最大の危機であり、もうすぐ金融（および財政）危機（マネタリー・アンド・ファイナンシャル・クライシス）が起きる必然《いい》を洞察《どうさつ》したことである。

ここで「金利が上がる」とは、中古の（既発債の）国債市場で、実質利回り《リアル・イールド》（real yields）の上昇が、市場関係者たちの、目下の最大の恐怖の的《まと》であることだ。私はこのことを本書で描き出した。これが「お金も（放っておくと）腐る」理論として、私の頭の中で結実した。

本書書き上げの伴走は、いつものとおり岡部康彦氏にお願いした。彼はコロナ・ウイルス騒ぎとワクチンという、これもアメリカが仕組んだ日本民族抹殺計画に、身をもって自分の体の痛みに耐えながら、この本は成った。記して感謝します。

2023年11月

副島隆彦

ホームページ「副島隆彦の学問道場」　http://www.snsi.jp/

ここで私、副島隆彦は、前途のある、優秀だが貧しい若者たちを育てています。

会員になってご支援ください。

巻末特集

半導体の新技術で大成長する15銘柄

ドル覇権に対抗するＢＲＩＣＳ

去年（２０２２年）12月7日、習近平《しゅうきんぺい》はサウジアラビアを訪問し、人民元建《じんみんげんだ》てで原油代金の決済を提案した。この提案をムハンマド・ビン・サルマン王太子（ＭＢ《エムビー》Ｓ《エス》）が了承した。これで１９７４年からの「ペトロダラー体制」（ワシントン・リヤド密約）の崩壊が決まった。3月10日に、サウジとイランが中国の王毅《おうき》外相の仲裁で、仲直り（国交回復）した。これで中東世界が、もう戦争をしない、と決まった。

そして２０２３年8月22日に南アフリカで開催されたＢＲＩＣＳ《ブリックス》サミットで、サウジアラビア以下6カ国が新たにＢＲＩＣＳに加盟することが決まった。サウジアラビア、アラブ首長国連邦（ＵＡＥ）、イラン、エジプト、エチオピア、アルゼンチンの6カ国である。サウジ、ＵＡＥ、イランは、中東の大産油国である。ウクライナ戦争から1年半が経過した。「アメリカではなく、ロシア・中国のＢＲＩＣＳ側につく」と公然と意思表示した。

天然ガスの大《だい》産出国のロシアと、原油の大産出国のサウジ、UAE、イランがBRICSで団結して、米ドルの世界覇権に対抗する。

多極化する世界

世界はアメリカ一極支配から多極化する世界へと劇的に変化した。核戦争をも覚悟して英米と対決する〝哲人王《てつじんおう》〟プーチンがいる。そしてロシアの大後方《だいこうほう》（ザ・グレイト・バック）には中国がいる。この世界史の大変動が後戻りすることはないだろう。

日本とドイツは、ズルズルと英米の思惑に引きずり込まれ、防衛費の増大やウクライナ支援をなし崩しに行なっている。このままでは日本は、戦前同様、ロシア、中国と戦争をさせられるところまで追い込まれてゆく。日本はアメリカの属国であり、特に冷戦崩壊後の30年は、都合のいいアメリカのATM（お財布）の役回りをさせられている。この30年で増えたのは借金だけであり、アメリカの長期投資の草刈り場となっている。

天皇皇后両陛下が、即位後初めて海外を公式訪問されたのはインドネシアであった（2023年6月17〜23日）。その後、日本とインドネシアは衛星測位システムを共同開発・運用する計画が明らかになった（2023年7月26日）。

先端技術の分野で、日本はまだ新興諸国に優位性を維持している。教えてあげることがまだたくさんある。グローバルサウスの重要な一員であり、ASEANの盟主であるインドネシアとの共同での宇宙開発は、日本が生き残るための重要な決断だ。

日本の理数教育は現在でも世界に引けを取らないレベルを維持しており、理系のエンジニアの技術力は欧米と比肩《ひけん》して低くない。日本の技術力の高さが戦後復興した日本経済の成長の基盤だった。高い技術力こそは国力の重要な要素だ。

今回は、第5章で説明した半導体を中心とする最新の技術で、これからますます
成長する15銘柄を推奨する。

副島隆彦

《銘柄一覧の見方》
● 企業名の横に付した4ケタの数字は「証券コード」です。
●「最近の値段」は2023年11月6日現在のもの。
● 株価チャートは直近6カ月間。東証他の時系列データ（終値）から作成しました。

※いつも書いていますが、投資はあくまでも自己責任で行なってください。
あとで私、副島隆彦にぐちゃぐちゃ言わないように。
それから、この巻末特集だけを立ち読みしないで、本を買って読んでください。
あなたが賢くなります。

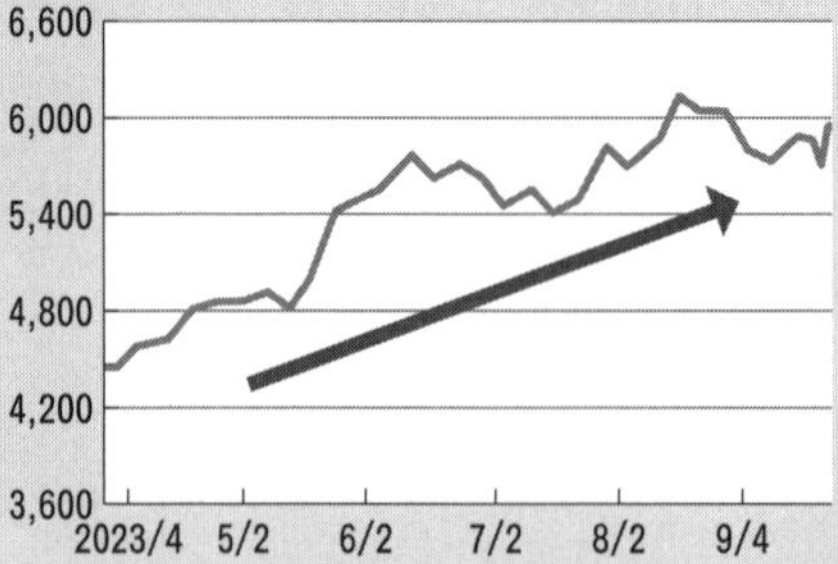

1 味の素

2802

最近の株価 **5,982円**

「味の素」で知られる調味料メーカー。冷凍食品でも高いシェアを維持している。PCのCPU（中央演算装置）で使われている「味の素ビルドアップフィルム（ABF）」は、主要PCでほぼ独占状態だ。お互いに混ざりにくい有機物と無機物を混ぜ合わせることで、絶縁性と加工性という矛盾する要素を兼ね備えた素材の開発に成功した。

M&Aにも積極的で、グローバル展開を加速している。主力の調味料がアジアと米国で大きく伸びており、冷凍食品も価格改定効果が出ていることから、2024年3月期は過去最高益を更新する見通しだ。

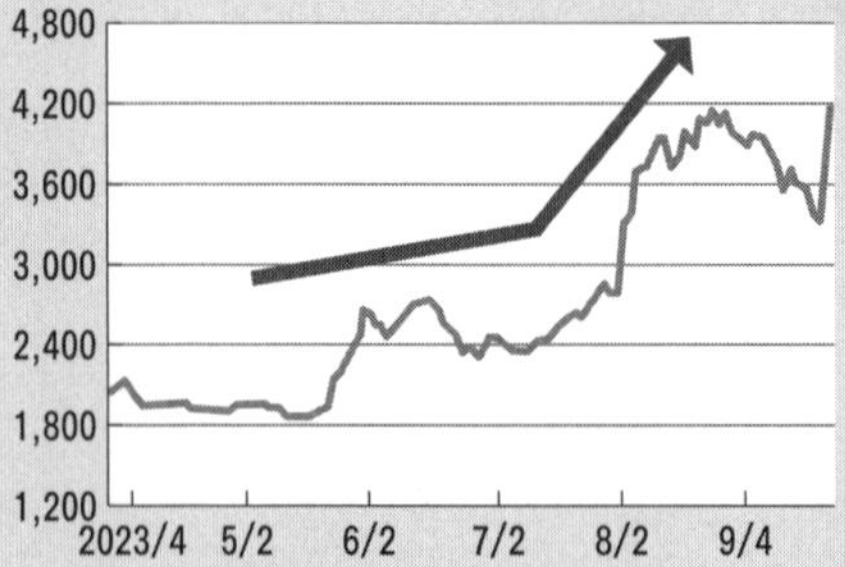

2 日《にっ》東《とう》紡《ぼう》

3110

最近の株価 **4,190円**

高付加価値のグラスファイバー（ガラス繊維）大手。1938年に日本で初めてグラスファイバーの工業化に成功した。ヤーン（糸）とガラスクロスに加工する技術の双方を有している点が強みである。

独自開発した「NEガラス」や「Tガラス」など世界シェアNo.1製品を多数保有しており、高い技術力を誇る。NEガラスはプリント配線基板の材料として、またTガラスはCPUやGPUなどの半導体パッケージ基板材料として用いられる。生成AIが普及し始めたことでデータセンターに対する投資が増加していて、高機能ガラスが好調だ。

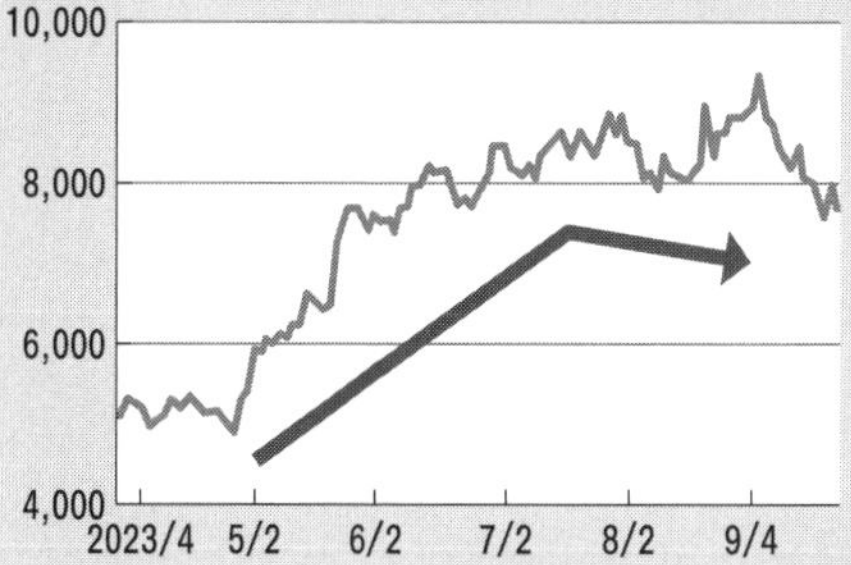

3 イビデン

4062

最近の株価 **7,129円**

半導体パッケージ基板の世界トップメーカーである。データセンター向けのハイエンド品に対する需要が旺盛であり、この会社の業績の追い風となっている。インテル向けの売上高が全体の6割を占めている。エヌビディア向けにもICパッケージ基板を供給している。

データセンターの需要増大を受けて、積極的な設備投資を実施しており、業績拡大が期待される。トラックなどのディーゼルエンジンから排出される黒煙を捕集するDPF（ディーゼル・パティキュレート・フィルター）でも高いシェアを誇る。

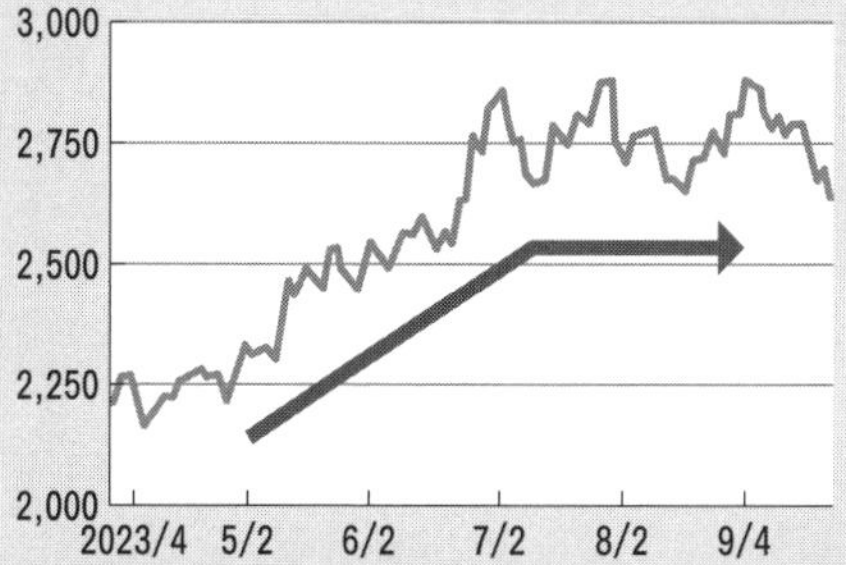

4 ADEKA

4401

最近の株価 **2,617円**

1915年創業の化学メーカー。電解法による苛性《かせい》ソーダ（水酸化ナトリウム）の製造から始まった。現在の収益の柱は半導体・ディスプレイ材料である。他にも車に用いる樹脂添加剤や食品なども手がけている。大手農薬メーカーの日本農薬も傘下に持つ。

読み書き用の半導体メモリーであるDRAM向けの原子層堆積《たいせき》材料（Atomic Layer Deposition）で世界No.1企業であり、世界の主要なDRAMメーカーのトップサプライヤーである。足元では半導体用材料の新設備が稼働していて、需要の取り込みに注力中である。M&Aにも積極的だ。

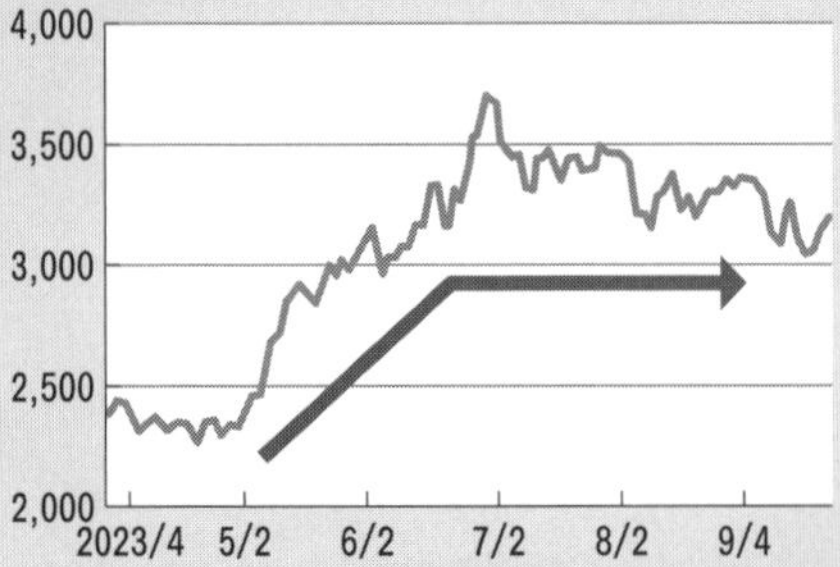

5 フジミインコーポレーテッド

5384

最近の株価 **3,185円**

最先端の半導体の製造を支える研磨剤《けんまざい》メーカーである。台湾のTSMCが製造する半導体関連製品向けに供給している。シリコンウェハ（半導体の基板となる素材）向けの研磨剤では世界シェアの9割を占めている。

生成AIに使われるGPUなど、最先端の半導体の製造に欠かせない研磨剤メーカーとして圧倒的な存在だ。電気の流れをコントロールする多層配線の最下層分野にも強い。採算性の高いCMP（化学的機械研磨）向けの売上高が拡大しており、利益面の拡大が期待できる。

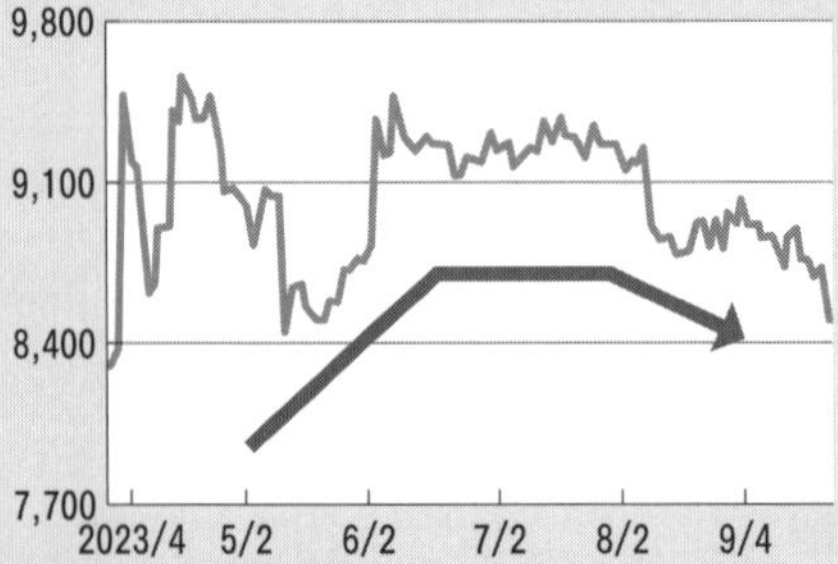

6 那《な》須《す》電機鉄工

5922

最近の株価 **8,520円**

鉄塔や鋼管柱、地中線材料などを手がけるメーカーだ。メッキ処理や各種工事も行なう。電力や高速道路など各種インフラで欠かせない製品を提供している。

耐久性に優れる「ナノ化鉄チタン水素吸蔵《きゅうぞう》合金」を用いた水素吸蔵合金システム（MH-QUON）を開発して、複雑な法規制を受けずに水素ガスを簡単、安全に貯蔵できる仕組みを実現した。同じく水素吸蔵合金のタンクも製造していて、こちらも気圧や合金を規制値以下に抑えることに成功。どこにでも指定数量の制限なく設置できるようにした。

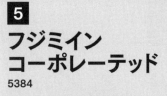

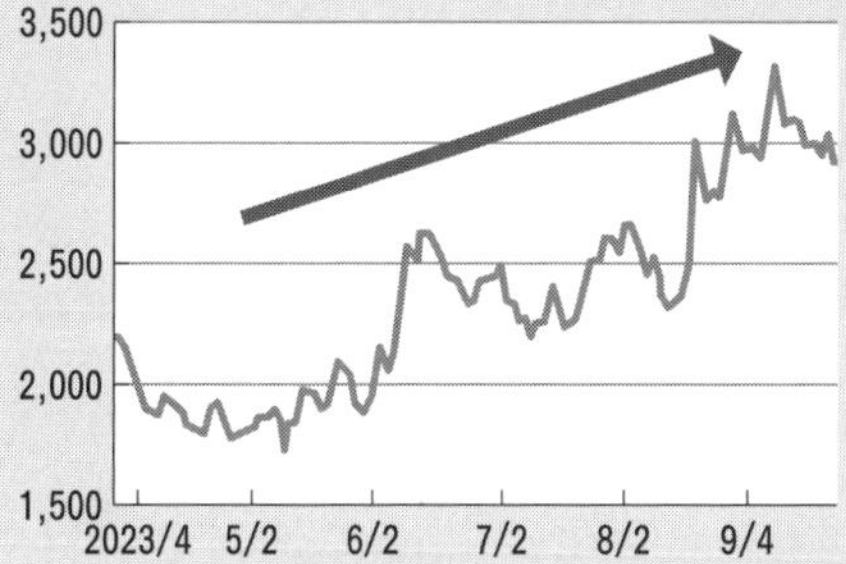

7

タツモ

6266

最近の株価 **2,886円**

半導体の製造装置メーカーである。シリコンウェハを研磨する際は、破損しないように固定、研磨し、剥離《はくり》、洗浄する必要があり、これらの各工程で用いられる装置を得意としている。パワー半導体の大型化と薄膜化が進む中、この会社の製品に対するニーズが高まっている。

足元では車載用パワー半導体の需要が旺盛であり、中国からの受注が好調だ。後工程(半導体チップを作る工程)のパッケージ工程にも強く、GPU分野での設備投資の増加が、この会社の受注へとつながることが期待できる。

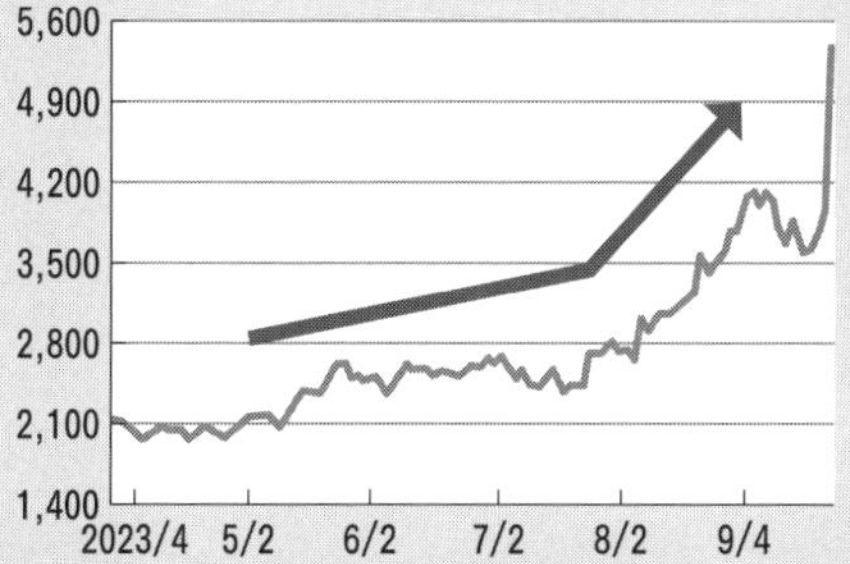

8

TOWA《トーワ》

6315

最近の株価 **5,400円**

こちらも半導体の製造装置メーカーだ。1979年に、世界で初めて成《せい》形金型《けいかながた》に複数の穴から樹脂を供給する「マルチプランジャ方式」を開発するなど、高い技術力を誇る。超精密金型の技術を生かし、半導体チップを樹脂封止するモールディング装置で世界シェアの6割を有している。

半導体以外にも、化成品事業やレーザー加工装置事業を手がけている。中長期的には、高速メモリ向けのコンプレッション方式によるモールディング装置の需要が拡大することが見込まれており、この会社にとって追い風になっている。

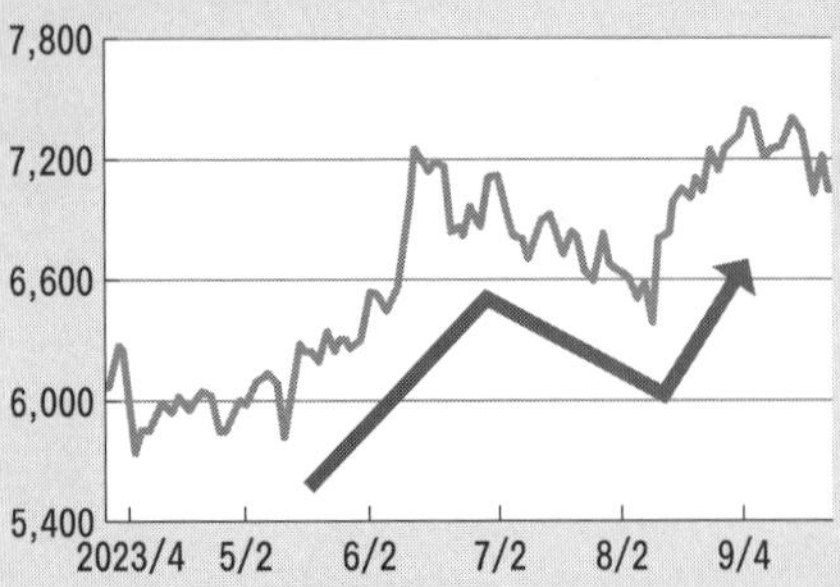

9

荏原《えばら》製作所

6361

最近の株価 **7,116円**

1912年創業の大手ポンプメーカーである。建築、エネルギー、インフラ、ゴミ処理など、さまざまな分野で実績を上げている。

半導体の分野では、ウェハの表面を研磨するCMP装置と、真空を作り出すドライ真空ポンプ、露光プロセスで使われる廃棄システムなどを手がけている。CMP装置は米アプライドマテリアルズ社と世界市場を二分している。足元の半導体関連装置の受注は苦戦しているものの、早晩、増加に転じることが予想される。

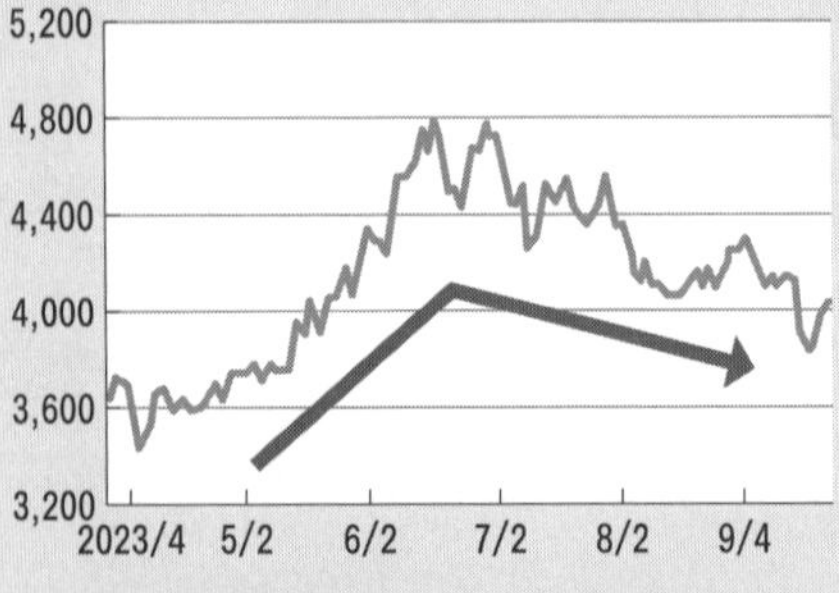

10

日本ピラー工業

6490

最近の株価 **4,085円**

流体制御関連の総合シールメーカー。1951年に日本で初めてメカニカルシールを開発した実績を持つ。自動車などで使われるガスケットや、半導体製造装置向けフッ素樹脂継手《つぎて》などを製造している。

素材の開発から製品設計、生産までを自社グループ内で手がけることで、高い技術力を維持している。とくに半導体の洗浄装置向けの継手では世界シェア9割と圧倒的である。足元では高水準の受注残が積み上がっており、中期的な業績見通しは良好だ。

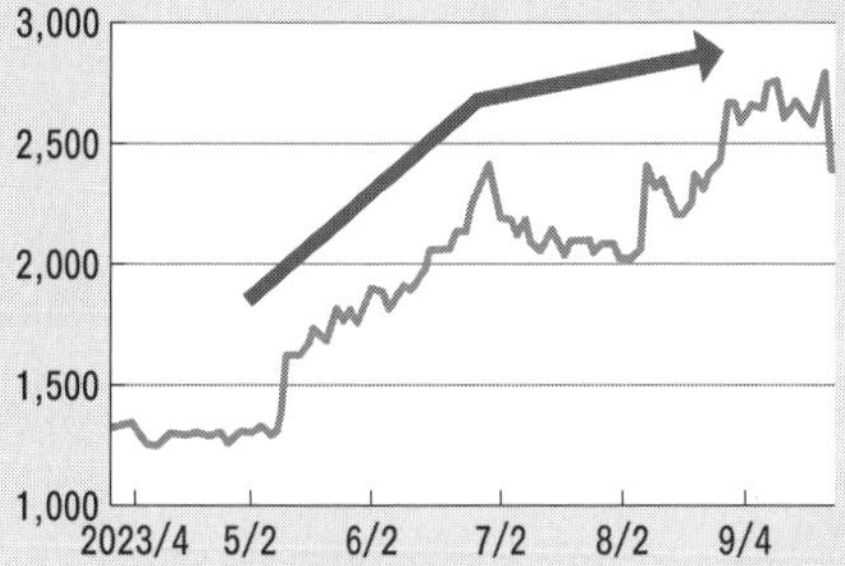

11 長《なが》野《の》計器

7715

最近の株価 **2,431円**

1896年創業の老舗メーカー。日本における圧力計器のパイオニアである。1980年には「蒸着《じょうちゃく》型半導体歪《ひずみ》ゲージ圧力センサー」を開発して、計測だけでなくセンサー分野にも参入した。近年、注力しているのが水素用の圧力計と圧力センサーであり、液化水素の計測製品も開発している。この会社の製品はトヨタの燃料電池自動車「MIRAI」にも搭載されており、高い品質と安全性が求められる自動車分野での実績がある。1960年代にメンテナンス部門を独立させるなど、利益確保の取り組みに早い段階から注力している。

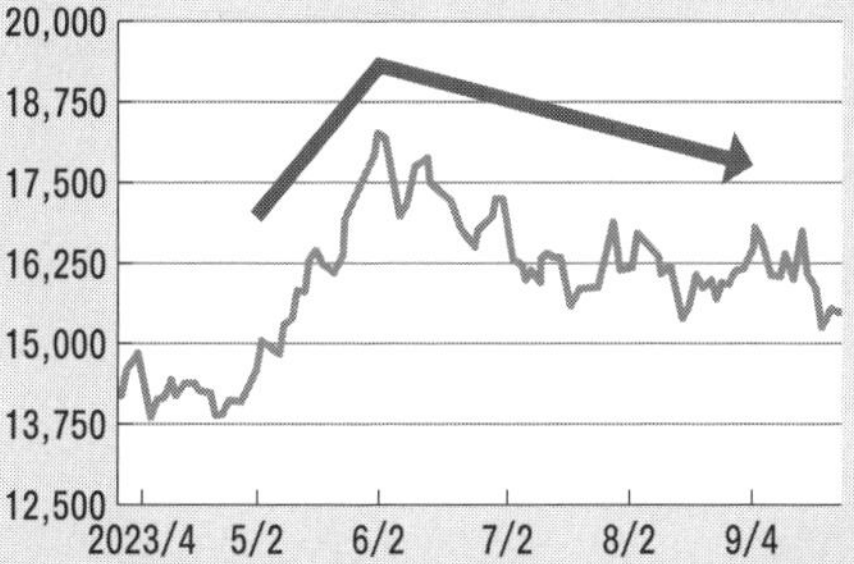

12 HOYA《ホーヤ》

7741

最近の株価 **15,695円**

メガネやコンタクトレンズ、内視鏡などのメーカーである。メガネ用のレンズは9割が海外向けであり、国内では主としてコンタクトレンズを販売している。ヘルスケア製品やメディカル関連製品以外に、エレクトロニクス関連製品も手がけ、半導体の回路パターンを転写する「マスクブランクス」やHDD用ガラス基板などを製造する。

半導体用マスクブランクスの世界シェアは7割とトップであり、先端品の製造に使用されるEUV対応製品も展開している。世界的な高齢化の進行や半導体需要の増大を追い風に、中長期的な業績拡大が見込まれる。

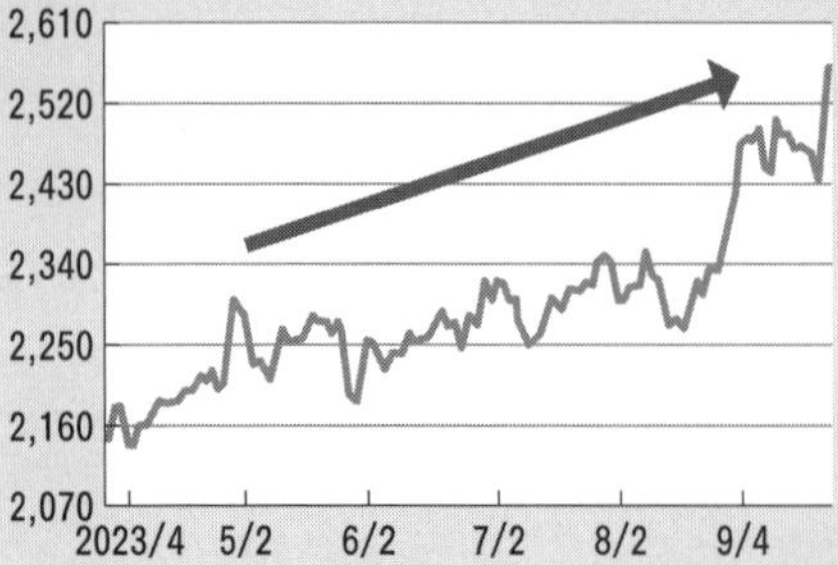

13

リンテック

7966

最近の株価 **2,581**円

シールやラベル用の粘着紙、粘着フィルムを始めとする粘着製品分野におけるトップメーカーだ。自動車用フィルムや半導体関連の粘着テープも手掛けている。製品だけでなく、バーコードプリンタやラベリングマシンなど、関連装置の開発・製造も行なっている。

収益の柱は半導体製造の後工程で用いられる各種テープと、その貼《てん》付《ぷ》・剥離装置である。ウェハの薄型化が進む中、この会社が開発した剝《は》がれやすい保護テープとその剥離装置のニーズが高まっている。

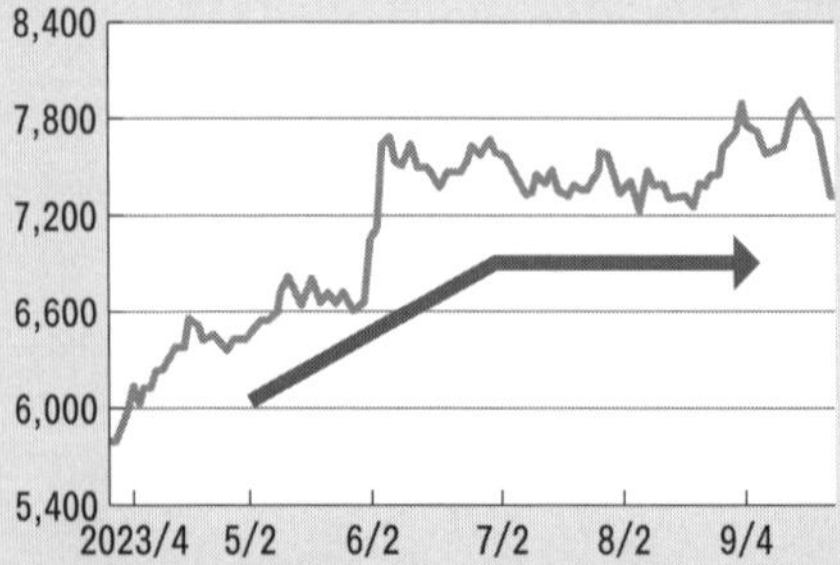

14

岩《いわ》谷《たに》産業

8088

最近の株価 **7,313**円

LPガス（プロパンガス）の大手。ガスの輸入から販売までをグループ内で手がけている。1969年に日本で初めて卓上コンロを発売した実績がある。もともと関西が地盤だが、現在では全国を網羅するネットワークを構築している。

1941年に、工業生産の過程で発生する水素に着目し、水素ガスの販売を開始した。1958年には水素ガスの自社製造を始めた。1978年にJAXA《ジャクサ》向けに液化水素の供給を開始するなど、水素メーカーとして実績を積み上げている。関西ガスとの関係が強く、保安点検の大部分を請け負っている。

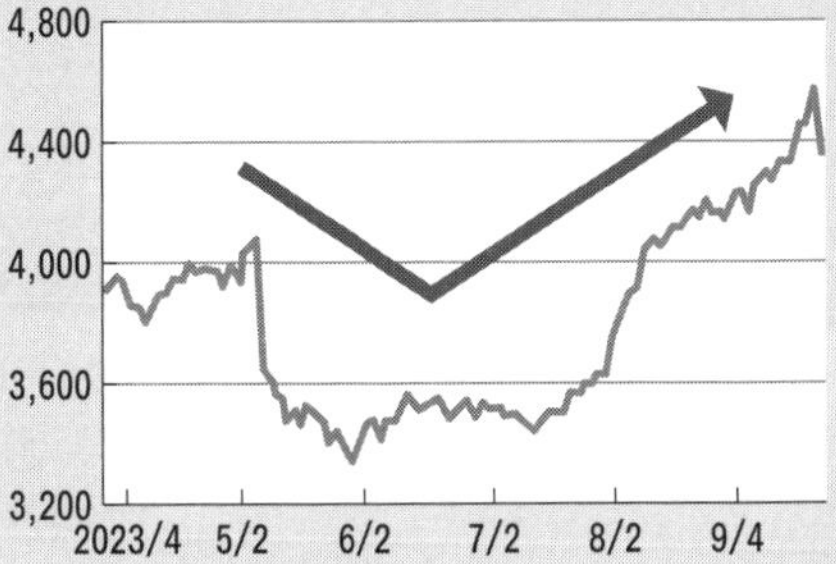

15
三井倉庫ホールディングス

9302

最近の株価 **4,375円**

大手総合物流企業である。倉庫での保管・入出庫だけでなく、港湾運送、航空、海上、陸上など各種の輸送をすべてカバーしている。2011年にトヨタと、また2015年にはソニーグループと合弁会社を設立し、自動車や電子部品、家電製品の取り扱いノウハウを獲得した。2022年10月には化学品原料の輸送を手がけるNRSと提携し、上流工程での提案力を強化した。2023年の春には、半導体関連工場の建設ラッシュに沸《わ》く九州に半導体向けの大型拠点を新設した。今後の業績貢献が見込まれる。

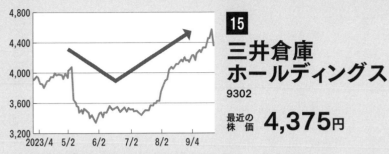

切りとり線

★読者のみなさまにお願い

この本をお読みになって、どんな感想をお持ちでしょうか。祥伝社のホームページから書評をお送りいただけたら、ありがたく存じます。今後の企画の参考にさせていただきます。また、次ページの原稿用紙を切り取り、左記編集部まで郵送していただいても結構です。

お寄せいただいた「１００字書評」は、ご了解のうえ新聞・雑誌などを通じて紹介させていただくこともあります。採用の場合は、特製図書カードを差しあげます。

なお、ご記入いただいたお名前、ご住所、ご連絡先等は、書評紹介の事前了解、謝礼のお届け以外の目的で利用することはありません。また、それらの情報を6カ月を超えて保管することもありません。

〒１０１―８７０１（お手紙は郵便番号だけで届きます）
祥伝社　書籍出版部　編集長　栗原和子
電話０３（３２６５）１０８４
祥伝社ブックレビュー　www.shodensha.co.jp/bookreview

◎本書の購買動機

＿＿＿＿新聞の広告を見て	＿＿＿＿誌の広告を見て	＿＿＿＿新聞の書評を見て	＿＿＿＿誌の書評を見て	書店で見かけて	知人のすすめで

◎今後、新刊情報等のパソコンメール配信を　　希望する　・　しない

◎Eメールアドレス　　※携帯電話のアドレスには対応しておりません

@

１００字書評

金融恐慌が始まるので　金は３倍になる

住所

名前

年齢

職業

金融恐慌《きんゆうきょうこう》が始《はじ》まるので　金《きん》は３倍《ばい》になる

令和５年12月10日　初版第１刷発行
令和６年４月20日　　　第２刷発行

著　者　副《そえ》島《じま》隆《たか》彦《ひこ》

発行者　辻　浩明

発行所　祥《しょう》伝《でん》社《しゃ》

〒101-8701
東京都千代田区神田神保町3-3
☎03(3265)2081(販売部)
☎03(3265)1084(編集部)
☎03(3265)3622(業務部)

印　刷　堀内印刷

製　本　ナショナル製本

ISBN978-4-396-61814-8　C0033

Printed in Japan

祥伝社のホームページ・www.shodensha.co.jp

副島隆彦の話題作

2018年刊

「トランプ暴落」前夜

破壊される資本主義

Trump Catastrophe

祥伝社

副島隆彦の話題作

2019年刊

米中激突恐慌

板挟みで絞め殺される日本

The US-China Hegemonic Cold War

祥伝社

副島隆彦の衝撃作

2020年刊

金《きん》とドルは光芒《こうぼう》を放ち決戦の場へ

金地金1グラムは1万円になる。
迫り来る金融大変動に備えよ！

Gold will defeat current US Dollar

祥伝社

副島隆彦の衝撃作

2021年刊

コロナ対策経済で大不況に突入する世界

日本がばら撒いた総額は308兆円！
その〝副反応〟は株式暴落とインフレだ

The Great Depression after COVID-19

祥伝社

副島隆彦の衝撃作

2022年刊

金融暴落は続く。今こそ金《きん》を買いなさい

金価格は〝世界値段〟に近づいてゆく!
〈附章〉安倍晋三暗殺の真実

祥伝社